Sammlung Vandenhoeck

V&R

Walter Hollstein

Männerdämmerung

Von Tätern, Opfern, Schurken und Helden

Vandenhoeck & Ruprecht
in Göttingen

Die Deutsche Bibliothek – CIP-Einheitsaufnahme

Hollstein, Walter:
Männerdämmerung : von Tätern, Opfern, Schurken und Helden /
Walter Hollstein. –
Göttingen: Vandenhoeck & Ruprecht, 1999
(Sammlung Vandenhoeck)
ISBN 3-525-01454-6

Umschlagabbildung: Horst-Hagen Rath, *Zettel*,
patinierte Bronze, Höhe 42 cm

Satz: KCS GmbH, Buchholz/Hamburg
Druck und Bindung: Hubert & Co., Göttingen

Inhalt

Für Christiane

Einleitung: Der Mann – das unbekannte Wesen

Michael S. Kimmel, einer der bekanntesten amerikanischen Männerforscher, beginnt sein Buch »Changing Men« mit dem Satz: »Männer sind dabei, sich zu verändern.« Von Frauenseite notiert die kalifornische Psychologin und Unternehmensberaterin Jan Halper: »Männer verändern sich in ihrem Leben, sowohl persönlich wie beruflich. Sie stellen ihre Rollen in Frage, bewerten ihre Karriereziele und Träume anders, verändern ihre Lebensstile und definieren ihre persönlichen Beziehungen neu.«

Zahlreiche empirische Untersuchungen aus den USA, aber auch aus Skandinavien oder Großbritannien, belegen diesen Wandel von Männlichkeit. Danach machen sich mehr und mehr Männer Gedanken über ihre Aufgaben. Aber nicht nur das: Männer verbringen signifikant mehr Zeit in der Familie und widmen sich der Erziehung der Kinder. Männer nehmen sich mehr Zeit, um Haushaltspflichten zu erfüllen und ihre Frauen zu entlasten. Männer verändern schließlich auch ihre Männerwelten; immer mehr Männer verabschieden sich sukzessive von der traditionellen Männlichkeit und wenden sich aufmerksam sich selber zu, werden also introspektiver, aber auch solidarischer und freundschaftlicher gegenüber anderen Männern.

Wie ist die Situation in Deutschland? Welchen Realitätswert hat Männerveränderung in unseren Breitengraden? Was tut sich hierzulande?

Diese Fragen werden im folgenden zu beantworten sein. Daß sie nicht schon einigermaßen gültig beantwortet sind, ist freilich ebenfalls erhellend. In der Tat haben Männer sich selbst und ihre Männlichkeit bisher kaum bedacht. Es ist richtig, wenn der Feminismus kritisiert, daß die Männer in der Geschichte und in ihren Geschichtsbüchern immer nur von sich ausgegangen sind; aber dieses Urteil übersieht, daß solch männliche *Absolutsetzung* mitnichten die Reflexion eigener Männlichkeit implizierte. Der Mann begründete seine Vorherrschaft gewissermaßen als geschlechtsloses Wesen, natürlich als Mann, aber ohne sich in seinem männlichen Kontext als Mann zu bedenken.

Dieses männliche Defizit an Besinnung und Selbstkritik hält bis heute vor. Gegenüber einer elaborierten feministischen Philosophie, Soziologie, Geschichts- und Literaturwissenschaft gibt es auf Männerseite nichts Vergleichbares. Erst langsam beginnen Männer über sich nachzudenken und auch darüber, was sie mit ihrer jahrhundertelangen Gedankenlosigkeit angerichtet haben. Noch einmal: Männer sind selbstverständlich keine hirnlosen Wesen und waren das nie. Männer haben in den Jahrtausenden unserer Geschichte über das Wesen des Seins, den Sinn des Lebens, den Ursprung des Lebendigen, den Wert der Arbeit, die Gesetze der Natur und die Möglichkeiten technischen Fortschritts nachgedacht, aber sie haben dabei sich selbst ausgespart. Wenn sich dies nun ändert, so nicht freiwillig. Männliche Reflexion setzt heutzutage überwiegend deshalb ein, weil das Selbstverständliche von Männlichkeit unter den Folgelasten maskuliner Fortschrittsideologie und unter dem Druck der Frauenbewegung schlicht und einfach zusammenzubrechen beginnt. In dieser Entwicklung sind uns die USA um circa zehn Jahre voraus; dort gibt es den Embryo einer Männerbewegung, eine inzwischen reichhaltige Männerliteratur und – an mehreren Hochschulen des Landes – eine akademische Männerforschung. Auch dies alles, obgleich unzweifelhaft ein Gewinn, hält vorläufig noch keinen Vergleich mit der Frauenbewegung und deren Forschungsstand aus.[1]

Dementsprechend wissen wir über uns noch sehr wenig. Wir kennen uns kaum; unsere Gefühle sind uns häufig fremd; die Emotionen anderer machen uns angst. Auch über unsere Geschichte als Männer wissen wir eigentlich nichts. Während die Frauen in den vergangenen Jahrzehnten ihre Geschichte sorgsam aufgearbeitet haben, ist auf Männerseite so gut wie nichts geschehen. Nachdem sich die traditionelle Männlichkeit immer mehr auflöst, können wir auch nicht mehr beantworten, was das Mannsein cigentlich beinhaltet. Wir sind zum unbekannten Wesen geworden.

1 Die folgenden Ausführungen beziehen Gedanken und Überlegungen ein, die von mir in früheren, inzwischen auf dem Buchmarkt vergriffenen Publikationen beschrieben worden sind, insbesondere in den Arbeiten »Nicht Herrscher, aber kräftig. Die Zukunft der Männer« (1988), »Die Männer. Vorwärts oder zurück?« (1990) und »Machen Sie Platz, mein Herr! Teilen statt Herrschen (1992).

— Der Mann in seiner Verunsicherung

Wir Männer leben in einer Epoche des Umbruchs. Der amerikanische Männerforscher Ronald F. Levant vergleicht unsere Situation mit der Zeit, als die Dinosaurier aufgrund veränderter Umweltbedingungen auszusterben drohten und dann auch tatsächlich ausgestorben sind. Das ist mit Sicherheit ein überspitztes Bild.

Die Realität scheint momentan so zu sein, daß uns das Korsett traditioneller Männlichkeit nicht mehr hält. Erfolgszwang, Stärke, Konkurrenz und »Pokerface« sind keine unbedingt erstrebenswerten Haltungen mehr. Ein verläßliches Gegenbild gibt es aber noch nicht. In einer solchen Situation von Verhaltensunsicherheit entstehen immer Angst und Desorientierung. Das ist normal, und es bedeutet auch eine Chance:

1. Zum ersten Mal seit Jahrhunderten haben wir jetzt die Möglichkeit, unser Rollenkorsett zu lockern.
2. Zum ersten Mal seit Jahrhunderten haben wir jetzt die Möglichkeit zu sehen und zu erleben, wer wir wirklich sind, statt uns von außen definieren zu lassen, also gesellschaftlichen Zwängen und Erwartungen zu unterliegen.

Allerdings sollten wir nun auch kein großes Befreiungsgeheul anstimmen und darob unsere Schwierigkeiten vergessen. Veränderung ist immer kompliziert. Alles Neue löst

Ängste aus. Es bedeutet Verunsicherung, weil wir vom alten Ufer abgelegt haben und am neuen noch nicht angekommen sind.

Zudem haben wir viele Rechte und Privilegien verloren. Auch wenn wir verbal und kognitiv keine Probleme haben, das richtig und historisch gut zu finden, ist es im Alltag nicht immer leicht. Zum Beispiel definieren wir die Welt nicht mehr. Das betrifft nun nicht nur Philosophie, Politik, Recht und Verkehrsformen, sondern es betrifft auch ganz konkret unser Leben. Bernie Zilbergeld beschreibt in diesem Zusammenhang sehr treffend: »Die Männer von heute sehen sich einer ganz neuen Situation gegenüber, weil die Definition von Liebe weiblich bestimmt worden ist. In der Vergangenheit war das, was Männer taten – arbeiten, um die Familie zu ernähren, Zeit zu Hause verbringen, sich nicht mit anderen Frauen herumtreiben, sich nicht zu oft betrinken, die häuslichen Pflichten erfüllen –, akzeptiert als ihre Art, Liebe zu zeigen. Doch das ist vorbei. Heute wird von den Männern erwartet, daß sie ihre Liebe genauso wie die Frauen ausdrücken, indem sie Gefühle teilen und in Gesprächen Persönliches mitteilen. Da diese Definition dem entspricht, was Frauen für sich wollen und tun, kann es nicht überraschen, daß Männer deshalb schlecht wegkommen im Vergleich. Ständig werden sie für das kritisiert, was sie nicht tun.«

Die Veränderung des Männerbildes

Schließlich hat sich in den vergangenen dreißig Jahren das gesellschaftliche Männerbild entscheidend geändert. Noch in den sechziger Jahren sind Männer als Schöpfer der Kultur, Entdecker, Religionsstifter, Weise, Heiler, Ärzte und Philosophen gefeiert worden, nicht nur von männlichkeitsgeprägten Autoren wie Hemingway oder Faulkner, sondern auch von Schriftstellern wie zum Beispiel Albert Camus.

Wenn wir heute in Literatur und Medien schauen, dann tritt uns der Mann als Zerstörer, Kriegstreiber, Vergewaltiger, Kinderschänder und Pornograph entgegen.

Eine meiner Studentinnen hat mir unlängst ein zehnstrophiges Gedicht ins Seminar gebracht, in welchem es unter anderem heißt:

»So unnütz wie Unkraut, wie Fliegen und Mücken,
so lästig wie Kopfweh und Ziehen im Rücken,
so störend wie Bauchweh und stets ein Tyrann,
das ist dieser Halbmensch – sein Name ist Mann.
Er steht nur im Weg rum, zu nichts zu gebrauchen,
ist immer am Meckern und ständig am Fauchen.
Er ist auf der Erde, ich sag's ohne Hohn,
vom Herrgott die größte Fehlkonstruktion.«

Menschen als instinktarme Wesen brauchen Bilder, um sich zu verstehen und zu orientieren. Bilder sind auch schon immer menschliche Identifikationshilfen gewesen. Was gegenwärtig an Männerbildern kursiert, lädt nicht mehr zur Orientierung und Identifikation ein. Die damit verbundenen Schwierigkeiten und Folgen sollten wir nicht unterschätzen.

Nun beginnen sich die Zeiten wieder etwas zu ändern. Die Männerbewegung übernimmt die feministische Radikalkritik an Männlichkeit nicht mehr unbesehen und vor allem nicht mehr so masochistisch wie noch in den siebziger Jahren. Zunächst einmal grob formuliert: Der Feminismus hat den Täteraspekt der traditionellen Männerrolle analysiert und zu Recht angeprangert. Die Männerbewegung und die damit verbundene Männerforschung hat die Dialektik von Täter und Opfer innerhalb der Männerrolle herausgearbeitet.

Dabei geht es vor allem darum, zu begreifen, wie anstrengend die traditionelle Männerrolle von Leistung, Macht, Konkurrenz und Härte für ihre männlichen Träger ist. Natürlich bringt diese Rolle Vorteile, wie der Feminismus zu Recht betont; sie bedeutet aber auch: Leidensdruck.

Die Entleerung von Männlichkeit

Noch Gefährlicheres droht: Die Entleerung traditioneller Männlichkeit und der damit verbundene Sinnverlust bewirken, daß die Rollenerwartungen an Männer zu etwas Äußerlichem werden, das innerlich nicht mehr gefüllt ist, zu einem Rollenkorsett, das zwar gesellschaftlich stützt, aber psychisch unbefriedigt läßt. Traditionelle Männlichkeit degeneriert so zur *Fassade*. In »Metropolitan 89«, dem Männer-Sonderheft der Frauenzeitschrift »Cosmopolitan«, beschreibt Charlotte Seeling, ebenso einfühlsam wie präzise, was ich mit dieser Fassadenhaftigkeit von Männlichkeit meine. Eines ihrer Beispiele betrifft Jürgen Spengler, der gerade seinen 40. Geburtstag gefeiert hat:

»Er war beliebt, er gehörte dazu, er war wichtig.« In seiner Geburtstagsnacht bricht er zusammen und wird mit dem Verdacht auf Herzinfarkt ins Krankenhaus eingeliefert. Das Herz indessen ist gesund. Trotzdem wiederholen sich die Anfälle. »Schließlich konnte er sich der Einsicht nicht mehr verschließen, daß es tatsächlich keine körperlichen Ursachen gab, daß er vielleicht Schaden an seiner Seele genommen hatte.« Jürgen Spengler erkennt: »Ich hatte etwa hundert Freunde und war absolut einsam. Ich konnte die schönsten Frauen haben, aber ich wollte keine. In meinem Leben war alles in Ordnung, aber in mir selbst war das Chaos.« Spengler geht in Einzel- und Gruppentherapie, um sich selbst zu entdecken: »Wir wissen, was die Gesellschaft von uns erwartet – was wir selber wollen, wissen wir nicht.«

Damit ist plastisch formuliert, wie gesellschaftlich vorgegebene Männlichkeit zur Fassade und Maske verkommen kann, nur noch Anforderung ist, mit der sich der

Mann innerlich nicht mehr identifizieren kann. Doch solches darf er sich oft nicht einmal eingestehen, weil er damit gegen jene Rollenerwartungen verstieße, die seinen Erfolg garantieren. Er muß also funktionieren, er sollte es zumindest. Fassade füllt indessen keinen Raum dahinter, keine Seele und kein Leben. Die Seele und das Leben selbst bohren und drängen, und wenn der Kopf die Fragen nach dem Sinn nicht hören will, stellt sie irgendwann der Körper. Dann wird manifest, daß uns etwas fehlt. Jürgen Spengler antwortet: »Weil wir nie gelernt haben, unsere eigenen Bedürfnisse zu entdecken. ... Wir lernen nur, was wir zu tun haben: aufstehen, rasieren, ins Büro gehen, Karriere machen, mit Kumpeln saufen, bumsen. So ist das Leben, habe ich immer gedacht.«

Äußere, gesellschaftliche Entwicklungen verschärfen diese innere Krise von Männlichkeit. Die Realität ist dabei, sich anders aufzufächern, als das in den letzten Jahrhunderten der Fall war. Der Mann ist nicht mehr der unbestrittene Herrscher der Außenwelt; auch die meisten Frauen sind heute erwerbstätig.

Damit verschiebt sich notwendigerweise die traditionelle Arbeitsteilung zwischen Männern, die außer Haus arbeiten, und Frauen, die im Haus tätig sind. Je mehr Frauen berufliche Kompetenzen erwerben, desto mehr sind wir Männer im Haushalt und bei der Kindererziehung gefordert. Auch die gesellschaftliche Verteilung von Arbeit wird in den kommenden Jahrzehnten diese Veränderungen grundsätzlich zur Kenntnis nehmen müssen und dem entsprechend Berufsfelder neu und zeitlich anders geordnet zur Verfügung zu stellen haben.

Männer sind aber nicht nur mit der historischen Aufgabe konfrontiert, Macht abzugeben und neue, bis dahin als weiblich definierte Fähigkeiten zu übernehmen, sondern sie müssen vor allem auch ein deftiges Stück Selbstreflexion leisten. Angesichts der beschriebenen gesellschaftlichen Veränderungen kann kein Mann, sofern er mit einem zeitgerechten Gewissen leben will, daran vorbei, sein Selbstverständnis als Mann neu zu bestimmen, also seine Aufgaben, Rollen, Verantwortungen und seine Beziehungen zum anderen Geschlecht einer sorgfältigen Revision zu unterziehen.

Die Frauenbewegung geht nicht nur von der unbedingten Notwendigkeit dieser Revision aus, sondern auch von deren Selbstverständlichkeit. Letzterem muß aus männlicher Sicht widersprochen werden: Wir alle sind auf eine Wirklichkeit vorbereitet worden, die noch nach den Gesetzen der traditionellen Arbeitsteilung funktionierte. Wir sind mit dem Bewußtsein aufgewachsen, in harter Männerwelt unser Geld verdienen zu müssen und dafür zu Hause umsorgt zu werden. Wir sind dafür präpariert worden, uns die Welt unterzuordnen und Unterordnung zu erwarten – insbesondere von den Frauen, die uns als das schwache Geschlecht vorgestellt wurden. Nun muß die Umorientierung total sein. Das fällt schwer. Jan Halper schreibt: »Männer wurden für eine Welt erzogen, in der von den Frauen erwartet wurde, sich der Sorgen der Männer zu Hause und bei der Arbeit anzunehmen. Die Regeln waren einfach und wurden von beiden Geschlechtern verstanden: Die Frauen würden immer dafür dasein, die Männer zu unterstützen und zu pflegen. Sie würden die Anhängsel, Sklavinnen, Mütter, Kindermädchen und Geliebten der Männer sein. ... Die Männer haben die Frauen nicht aufgefordert, sich zu verändern, und doch wurde von den Männern verlangt, die Frauen über Nacht anders wahrzunehmen.«

Dabei ist das Ganze nicht nur ein Wahrnehmungsprozeß, der neue kognitive Fähigkeiten verlangt; es ist auch eine Veränderung von Lebensmustern, die tiefe Ängste auslöst und aktiviert. In einer spannenden Untersuchung von mehreren hundert Männern in den USA ist Anthony Astrachan aufgefallen, daß Männer sich einer Gleichberechtigung der Frauen in Arbeitsverhältnissen aus Gründen widersetzen, die mit der Arbeit selbst gar nichts zu schaffen haben. Vielmehr sind diese Männer von der großen Angst erfaßt, daß ihre Frauen beim Eintritt in die Erwerbstätigkeit nicht mehr jene intensive Aufmerksamkeit für die männlichen Sorgen und Nöte aufzubringen in der Lage sind, die sie noch aufzubringen vermochten, als sie ausschließlich Hausfrauen und Mütter waren. Formelhaft ausgedrückt heißt das: Je mehr weibliche Erwerbstätigkeit, desto weniger Platz für den Mann. Sowohl bei Astrachan wie bei Halper finden sich eindrückliche und schreckliche Belege für diese männliche Angst.

Hier holt uns die Geschichte wieder ein: Was wir einst im Prozeß männlicher Beherrschung der Welt an Qualitäten der Pflege, Liebe, Emotionalität und Besinnung auf uns selbst an die Frauen delegiert haben, können wir nun nicht mehr selber (siehe Kapitel »Die männliche Vereinseitigung«). Deshalb ängstigt uns über alle Maßen die Emanzipation unserer Frauen.

Das Trauma des Wandels

Kein Mann kann heute noch davon ausgehen, zu Hause versorgt, gepflegt, betreut, bemuttert und physisch und psychisch für den nächsten Arbeitstag aufgepäppelt zu werden. Diese Zeiten sind vorbei, auch wenn sich Einzelexemplare unseres Geschlechts solche »Privilegien« noch anmaßen.

Amerikanische Literatur spricht in diesem Zusammenhang nicht zu Unrecht vom Trauma männlicher Rollenveränderung. Ein drastisches, aber inzwischen durchaus alltägliches Beispiel schildern Skjei und Rabkin in ihrer Untersuchung »The Male Ordeal«:

Der kalifornische Rechtsanwalt Jack Traner hatte alles, was zum Erfolgsbild amerikanischer Männlichkeit gehört: Wohlstand, eine aufregende Karriere, politisches Ansehen in der Demokratischen Partei, ein intaktes Familienleben, zwei begabte Töchter und eine attraktive liebevolle Frau. Eines Abends, als Jack nach Hause kam, eröffnete ihm seine Gattin, daß sie ihn verlassen werde. Nicht, daß Jack irgendwelcher Fehler oder gar Vergehen geziehen wurde; mitnichten. Helen Traner offenbarte einfach nur ihren Wunsch, endlich ihr eigenes und authentisches Leben zu führen. Für Jack brach eine Welt zusammen. Alles, was ihm seine Frau an emotionaler Sicherheit, an Rückhalt und vitaler Unterstützung geboten hatte, verschwand von einer Nacht zum nächsten Morgen. Wie es Jack in der Folgezeit erging, beschrieb er den beiden Wissenschaftlern ausführlich: »Ich wachte mitten in der Nacht auf, in kalten Schweiß gebadet, vollkommen naß, zitternd, als hätte ich schweres Fieber. Manchmal konnte ich mich daran erinnern, einen Alptraum gehabt zu haben, in dem Helen ermordet wurde, auf irgendeine brutale Weise, meistens aber war mein Gehirn ein einziges Loch. Ich wußte nicht, wer ich war, wo ich war, nichts. Es war entschieden die schlimmste Zeit meines Lebens.« Traner litt; dementsprechend sackte seine Arbeitsleistung und stieg sein Alkoholkonsum, bis ihn sein Chef in psychotherapeutische Behandlung schickte. Traner geht es inzwischen besser, aber er weiß, daß ihn die Trennung von Helen für sein weiteres Leben »gebrandmarkt« hat. Traner ist kein Einzelfall.

Die Schwierigkeiten, die mit der männlichen Rolle seit Jahrhunderten untrennbar verknüpft sind, wurden durch die Frauenbewegung noch gesteigert, auf jeden Fall verschärft und aktualisiert. Litten bis dahin nicht wenige Männer bewußt oder unbewußt an der Eindimensionalität ihrer Rolle von Härte, Leistung, Erfolg und »Pokerface«, so gerieten sie jetzt vermehrt in das Dilemma, diese harte Rolle im Berufsleben weiterhin einnehmen zu müssen, aber zu Hause eine neue, teils verdrängte, auf jeden Fall weichere Rolle des Einfühlens, der Flexibilität, des Nachgebens, ja des Erduldens lernen zu müssen. Valeska von Roques hat solches am Beispiel der USA sehr trefflich beschrieben, indem sie aufzeigt, wie sehr die altgewohnte, lang tradierte Männerrolle unzuverlässig geworden ist: »Denn die liegt nicht mehr selbstverständlich bereit zum Hineinschlüpfen und Sichwohlfühlen wie früher das frische Hemd und der aus der Reinigung geholte Busineßanzug, sorgsam ausgebreitet von einer liebenden Gattin. Das war einmal.«

Konnten sich noch vor wenigen Jahrzehnten die Männer kritiklos mit der männlichen Rolle und ihrem Rollenbild identifizieren, so erscheint Männlichkeit nun als ein Konstrukt, mit dem Frauen, Frauenbewegung, Wissenschaften, Medien und in gewisser Weise die Öffentlichkeit überhaupt nur noch negative Assoziationen verbinden. »Merkwürdig fremd ist es ihnen vielmehr geworden, das Mann-Sein in Amerika. Wie verkleidet, verkehrt herum angezogen, fühlen sich viele Männer in ihrer Rolle. ›Es ist einfach nicht mehr unsere Zeit‹, murmelt trübsinnig ein New Yorker Geschäftsmann am Tresen einer Bar an der West Side. Später, nach ein paar weiteren Bieren, wird er drastisch und sagt: Mann-Sein sei heute ›in Dreck getaucht‹.«

Während die Männer – zumindest an der ideologischen Front – in die Defensive gedrängt werden, herrscht bei den Frauen Aufbruchstimmung. »Frauen in Amerika haben das letzte Jahrzehnt als Zeit des Triumphs erlebt. Zu Zigtausenden marschieren sie über die Avenuen der großen Städte, untergehakt und beschwingt von neuentdeckten schwesterlichen Gefühlen. Aber auch dann, wenn sie sich gar nicht zur Frauenbewegung zählen, fühlten die meisten Rückenwind, die Begeisterung eines Aufbruchs und Neuanfangs. Frau-Sein war ›in‹.«

Nun sind Frauenbewegungen und Frauen in den USA in der Tat um einiges weiter und erfolgreicher als in Europa; trotzdem ist auch Nordamerika noch ein Männerkontinent, auf dem Frauen in Entscheidungspositionen rar sind. »Zwar blieb der Geländegewinn in den meisten Berufen und im öffentlichen Leben in Wirklichkeit gering. Doch für viele Männer sah es so aus, als müßten sie nun immerzu zurückstecken: sei es draußen in der Welt ..., sei es zu Hause, wo Frauen sie zwangen, die intimsten Grundmuster ihres persönlichen Lebens zu revidieren.«

Bei Bewerbungen und bei der Stellensuche erlebten amerikanische Männer zum ersten Mal, wie ihnen weibliche Kandidatinnen vorgezogen wurden, zum Teil sogar, weil das neue Gesetze anordneten. Männer mußten zurückstehen – eine Erfahrung, die Männer bisher nur in Konkurrenz zu anderen Männern gemacht hatten. Jetzt galt es, sich aber auch noch gegen Frauen durchzusetzen und mit Frauen zu messen, und das Resultat war immer häufiger, daß Männer erst als zweite Sieger durchs Ziel kamen.

Doch auch Alltägliches veränderte sich für die Männer ebenso rapide wie radikal. »Sekretärinnen lehnten es plötzlich ab, ihren Bossen das Sandwich zum Lunch zu holen oder den Kaffee zu bringen, von Kolleginnen wurden sie angefaucht, wenn sie ihnen die Tür aufhielten. Selbst der harmlose Flirt mit der Stewardeß oder dem Mädchen hinter der Hotelbar konnte sich unversehens zum Reinfall wenden, weil sie ahnungslos schon wieder irgendeine neue Regel der Geschlechterbeziehung verletzt hatten.«

Die deutlichsten Veränderungen, auf jeden Fall auch die spürbarsten und schmerzhaftesten, vollzogen sich indessen im Privatleben der amerikanischen Männer. »So manchem von ihnen widerfuhr, daß sich das nette Mädchen, das er geheiratet hatte, quasi über Nacht verwandelte, ihn zornig als Unterdrücker ihres ganzen Geschlechts schmähte und schließlich, um sich selbst zu verwirklichen, aus dem Haus lief, ihn einem fremden Schicksal überlassend.« Wenn Trennung und Scheidung vermieden werden konnten, war es trotzdem zumeist mit der traditionellen Rollenaufteilung vorbei: »... auch viel undramatischere Entwicklungen im häuslichen Bereich griffen störend in das Leben der meisten Männer ein: wenn Frauen plötzlich Karriere machen wollten, statt sich mit dem Dazuverdienen zu begnügen; wenn sie auf der Verteilung von Hausarbeit und Kindererziehung bestanden, statt mit Beihilfe ihrer Männer zufrieden zu sein; wenn sie im Bett mit Wünschen kamen, von denen sich viele Männer schlicht überfordert fühlten.«

Das alles hinterläßt Wirkungen, die über die Klage an der Bar weit hinausgehen. Valeska von Roques berichtet denn auch von einer Jahresversammlung der »American Psychiatric Association«, auf deren Tagesordnung das Thema »Wirkung der Frauenbewegung auf Männer« stand. Resultat war, daß die amerikanischen Männer auf die Veränderungen im Status der Frauen und damit auch in der eigenen männlichen Rolle »vielfach ›im pathologischen Maße‹ Schuldgefühle, Zorn, Rachewünsche und zahlreiche andere starke Reaktionen gezeigt, im Extremfall ›klinische Depressionen oder angrenzende Krankheitsbilder‹« entwickelt haben.

Dazu schreibt die amerikanische Psychologin Jan Halper in ihrem Buch »Quiet Desperation«: »Alle, die denken, daß es für Männer leichter gewesen ist, die gewandelten Rollen der Frauen zu akzeptieren, begehen einen groben Fehler. ... Die Schwierigkeiten, die Männer zu ertragen hatten, als die Frauen die Veränderung ihrer Rollen durchlebten, zu Hause wie in ihrer Erwerbstätigkeit, sind nicht gewürdigt, ja nicht einmal wahrgenommen worden.«

— Die Macht der Männer

Der Aufbruch der Frauen hat bisher noch keine gleichberechtigten Geschlechterverhältnisse geschaffen. Noch immer leben wir in einer Männergesellschaft. Das heißt: Männer verfügen über die Schlüsselpositionen in Wirtschaft, Verwaltung und Politik; Männer haben das Sagen und reden demgemäß auch in allen Foren am meisten; Männer bestimmen über unsere Zukunft; Männer prägen mit ihren Entscheidungen zumindest die Rahmenbedingungen für Partnerschaft, Ehe und Erziehung. Männer haben also die Macht, auf jeden Fall aber den größten Teil davon.

Was bringt das uns Männern? Ganz sicher eine Menge an Privilegien. Es ist besser zu bestimmen, als bestimmt zu werden; es ist viel angenehmer zu befehlen, als Befehle zu erhalten und obendrein auch noch befolgen zu müssen. Es ist um einiges befriedigender, auf den höheren Stufen der Hierarchieleiter zu stehen und von dort auf die anderen stolz herabzublicken; es lohnt sich auch materiell, denn wer oben ist, verdient mehr. Macht beinhaltet also Verfügungsgewalt, die Bezeugung von Respekt und Gehorsam, Anerkennung, Gratifikation, Geld, Prestige und Status; Macht bedeutet zudem emotional Selbstsicherheit, Stärke, »power«, Unabhängigkeit und soziale Potenz.

Darauf, daß nur eine Minderheit von Männern in den ungeteilten Genuß der bezeichneten Privilegien gelangt, wurde schon mehrfach hingewiesen. Die große

Mehrheit aller Männer hingegen lebt und arbeitet vor allem fremdbestimmt, verfügt über keine Machtpositionen und hat objektiv wenig Grund, sich selbstsicher oder stark zu fühlen. Dennoch ist das feministische Argument nicht falsch, daß auch der schwächste Mann zumindest mittelbar noch von seiner Stellung als Mann in der Männergesellschaft profitiert. Häufig wird er auch dort noch besser bezahlt, wo er die gleiche Arbeit wie seine Kollegin verrichtet; oft wird er von unseren Rechtssystemen bevorzugt; vielfach profitiert er zumindest ideell von der langen Tradition männlicher Hegemonie. Das gilt es klarsichtig zu erkennen und als üblen Tatbestand auch zuzugeben.

Die männlichen Privilegien[2]

Trotz aller Veränderungen in den Geschlechterverhältnissen während der vergangenen drei Jahrzehnte gibt es noch immer die patriarchale Gesetzmäßigkeit, derzufolge die Wahrscheinlichkeit, daß ein Mann eine Position besetzt, desto höher ist, je machtintensiver sie sich darstellt.

Erwerbstätigkeit gehört noch immer zur Normalbiographie des Mannes, aber nicht notwendigerweise zu jener der Frau.

Der Arbeitsmarkt zeigt eine geschlechtsspezifische Segregation, die die Männer in allen materiellen Bereichen bevorteilt und die Frau proportional dazu benachteiligt.

2 Die hier beschriebenen Tatbestände männlicher Privilegien sind bekannt und seit langem Gegenstand der öffentlichen Diskussion. Deshalb werden sie im folgenden nur summarisch benannt. Es erscheint mir aber wichtig, daß diese Ungerechtigkeiten zugunsten des männlichen und zuungunsten des weiblichen Geschlechts auch von Männern kritisiert werden. Wer sich über diesen Problemkreis des näheren informieren möchte, sei auf mein Standardwerk »Der Kampf der Geschlechter – Frauen und Männer im Streit um Liebe und Macht und wie sie sich verständigen könnten« (1995) verwiesen.

Eine fast fünfzigjährige Gleichberechtigungsrhetorik hat an diesem Tatbestand prinzipiell nichts geändert.

Die Daten über die Erwerbstätigkeit dokumentieren die Konsequenzen der gesellschaftlichen Arbeitsteilung und ihrer sozialisatorischen Bedingungen. Männer steuern überwiegend technische Anlagen und warten sie, bauen, installieren und stellen her, planen, konstruieren und forschen, leiten, organisieren und führen, sichern, bewachen und wenden Vorschriften an. Frauen hingegen verkaufen, kassieren, beraten Kunden, arbeiten im Büro, bewirten, reinigen und packen, erziehen, helfen, pflegen und versorgen.

Die Doppelorientierung der Frauen auf Beruf *und* Familie bedeutet, daß Frauen zum einen häufiger Teilzeit arbeiten und daß sie zum anderen ihre Erwerbsbiographie unterbrechen, um für Kinder und Familie präsenter zu sein.

Die Brüchigkeit weiblicher Erwerbsbiographien zeigt sich deutlich vom 25. Lebensjahr an. Bis dahin laufen heute die altersspezifischen Erwerbsquoten von Frauen und Männern parallel; mit der Beziehungs- und Bindungsentscheidung und der damit meistens verbundenen Familiengründung schnellt die männliche Kurve nach oben, während sich die weibliche entscheidend bricht und nach unten absackt.

Die Rückkehr in den Beruf ist für Frauen trotz gestiegener Motivation schwierig. Jede fünfte Frau erlebt den Wiedereinstieg in die Erwerbstätigkeit mit einem beruflichen Abstieg.

Die tradierte Ungleichheit zwischen den Geschlechtern in der Sozialisation, der Berufsvorbereitung, den Berufsvollzügen und den Karrieremöglichkeiten dokumentiert sich nur konsequent in erheblichen Lohnunterschieden zwischen Männern und Frauen.

Der durchschnittliche Monats-Bruttoverdienst eines Arbeiters in der Industrie beträgt DM 3.600,–, der einer Arbeiterin nur DM 2.548,–. Der durchschnittliche Monats-Bruttoverdienst eines männlichen Angestellten in

Industrie und Handel beläuft sich auf DM 5.385,–, eine Frau verdient exakt DM 1.872,– weniger.

Frauen ballen sich in den unteren Lohnskalen, Männer in den gehobenen und besonders deutlich in den obersten, in denen sich Frauen kaum noch finden. Eine weitere Folge dieser strukturellen Ungerechtigkeit ist die Überrepräsentation weiblicher Sozialhilfeempfänger, die Armut alleinerziehender Mütter und alter Frauen.

Trotz zäher Bemühungen in den vergangenen zwei Jahrzehnten ist es den Frauen auch nicht gelungen, sich den öffentlichen Raum von Politik, Gerichtsbarkeit, Verwaltung und Medien zu erobern; trotz aller weiblichen Fortschritte ist die Öffentlichkeit in Deutschland weiterhin grundsätzlich männlich. Frauen sind zumeist nur Zuträgerinnen für männliche Herrschaftspositionen oder Alibi für ebendiese.

Das gilt sogar für die als weiblich etikettierten Berufsfelder wie Schulen, Krankenhäuser und Sozialarbeit/Sozialpädagogik. Während 75 Prozent des Krankenhauspersonals von Frauen gestellt wird, arbeiten nur 4 Prozent der Frauen als Ärztinnen und nur 0,1 Prozent in leitenden Positionen.

Die rigide Rollenverteilung der Vergangenheit scheint sich am ehesten im Privatbereich aufzulösen. Bei den Männern hat sich der Anteil derer, die im Haushalt mithelfen, von 46 auch 64 Prozent erhöht. Neueste Männeruntersuchungen belegen, daß es insbesondere den jüngeren Männern keinesfalls an den nötigen Fähigkeiten und Fertigkeiten im Haushalt fehlt, traditionelle Konstellationen zu ändern. Wenn Männer allein leben, nutzen sie dieses Fähigkeitsprofil auch durchaus; in Beziehung und Ehe beginnen sie indessen rasch, die meisten Haushaltstätigkeiten an ihre Partnerinnen zu delegieren. Vor allem ist die Mithilfe der Männer im Haushalt nur bei einer Minderheit kontinuierlich und gleichberechtigt; in den meisten Fällen helfen Männer nur gelegentlich, kurzzeitig und eher zufällig. Mindestens ein Drittel der Befragten macht täglich im Haushalt gar nichts; rund 50 Prozent investieren durchschnittlich eine Viertelstunde und nur 20 Prozent arbeiten mehr.

Auch in der Kindererziehung leisten die Frauen noch immer am meisten; wiewohl nicht übersehen werden darf, daß sich heutige Männer als Väter weit mehr engagieren als es noch ihre eigenen Väter bei ihnen getan hatten.

Auffällig ist, daß nur eine kleine Minderheit von Vätern sich zusammen mit ihren Kindern an jenen Aufgaben der Erziehung beteiligt, die direkt mit Hausarbeit verbunden sind. Nur 4 Prozent übernehmen zusammen mit ihren Söhnen und Töchtern Hausarbeiten; nur 2 Prozent der befragten Väter kaufen zusammen mit ihren Kindern für den gemeinsamen Haushalt ein. Der deutsche Vater widmet sich mit seinen Kindern vor allem den hedonistischen Freizeitbeschäftigungen; den unangenehmen, belastenden, mit Mühe und Schmutz verbundenen, geht nach wie vor die große Mehrheit der Väter aus dem Weg.

Männergewalt

Die bisher unbewältigten Traditionen der geschlechtsspezifischen Arbeitsteilung bedingen Machtverhältnisse in Ehe, Familie und Beziehung, die noch immer zuungunsten der Frau verschoben sind. Diese Geschlechterhierarchie legitimiert Gewalt gegenüber der Frau zur Lösung von Konflikten. Statusunterschiede führen zu Mißhandlungssituationen.

Direkte Männergewalt dokumentiert sich in mindestens 15.000 Vergewaltigungen pro Jahr, in ebenso vielen Fällen versuchter Notzucht und circa 60.000 Fällen von sexuellem Mißbrauch an Kindern.

Männergewalt manifestiert sich schließlich im Rechtsextremismus. Parteimitglieder und Anhänger des rechtsextremen Lagers sind zu mehr als drei Vierteln männlich.

Zwei Drittel aller Rechtswähler sind Männer. Die rechtsextreme Gewaltszene besteht ausschließlich aus Männern.

Für solche Diskrepanzen haben wir Männer noch zu wenig Sensibilität entwickelt; offenbar ist es leichter, gegen Ungerechtigkeiten in fremden Ländern zu protestieren, als die Geschlechterhierarchie »at home« zu verändern. Das vermag ich nur so zu erklären, daß Werte wie Solidarität, Empathie, Mitgefühl und Engagement für andere in unserer Erziehung weit hinter Leistungsstreben, Egozentrik und Konkurrenz zurückstehen mußten.

So geschieht alltäglich, was die B. Z. (Berlin) am 24. Juli 1998 beschreibt, und so geht männliche Justiz nach wie vor mit Männergewalt um, als sei es ein Kavaliersdelikt:

»›Ich hab' sie abgeknallt. Sie ist umgefallen wie ein nasser Sack.‹ Er hatte ihr aufgelauert, mit Kleinkalibergewehr, Schalldämpfer und Zielfernrohr. Wie ein Killer. Dann packte er seine Tasche für den Knast und wartete auf die Polizei. Fischer Günter S., 47, aus Himmelpfort hat wirklich geglaubt, er habe seine Lebensgefährtin Viola E. erschossen.

Doch sie überlebte trotz des Schusses in die Halsschlagader. Der schlimmste aktuelle Fall von Gewalt in der Partnerschaft – er hätte verhindert werden können. Wenn die Justiz nicht wieder einmal beide Augen zugedrückt hätte.

Günter S. und Viola E. – sechs Jahre lebten sie zusammen. Immer wieder mußte die Frau Schläge einstecken. Dann nahm sie all ihren Mut zusammen, warf ihn raus. Doch seine Rache sollte furchtbar werden.

In der Nacht zum 1. Juli kehrte Günter S. zurück. Mit einer Schreckschußpistole. Den Lauf hielt er Viola direkt an den Kopf und drückte mehrmals ab. Sie war zum Glück nicht geladen. Dann schlug der Fischer mit der Waffe auf die Frau ein. Immer wieder. Sie war bereits bewußtlos, da versuchte der Tyrann noch, sie mit dem Bettlaken zu ersticken. Ein Nachbar hörte die Hilfeschreie der 13jährigen Tochter.

Mit Nasen und Jochbeinbruch kam Viola E. ins Krankenhaus. Die Polizei nahm Günter S. mit. Haftantrag. Doch die Richterin am Amtsgericht Zehdenick läßt Günter S. unter Auflagen wieder laufen. Eine davon: Er muß sich von Viola E. und ihrer Tochter fernhalten. Doch der Fischer hält sich nicht daran. Steigt mit einer Leiter übers Dach ins Haus. Mit einer Ätherflasche in der Hand. Er wird erwischt, die Polizei nimmt ihn fest – und läßt ihn wieder laufen.

Und Günter S. kehrt noch einmal zurück. Diesmal mit dem Gewehr.

Seit dem hinterhältigen Anschlag kämpfen Ärzte im Unfallkrankenhaus Marzahn um das Leben von Viola E. Als ihrem Peiniger gestern der Haftbefehl verkündet wurde, brach er zusammen. Das Herz! Er sei weder vernehmungs- noch haftfähig, so ein Arzt. Wird jetzt wahrscheinlich in ein Haftkrankenhaus gebracht. Und der zuständige Oberstaatsanwalt ist erstaunt: ›Haftbefehl wurde nicht wegen Mordes, sondern nur wegen gefährlicher Körperverletzung erlassen.‹«

In den gegenwärtigen Geschlechterverhältnissen zeigt sich männliche Macht auch in subtilerer Form. Empfängnisverhütung und Schutzmethoden gegen Geschlechtskrankheiten und HIV-Infektionen scheitern häufig daran, daß Frauen nicht in der sozialen Gleichberechtigungsposition sind, um mit ihrem Partner über sexuelles Verhalten zu verhandeln; sie unterwerfen sich männlichen Wünschen zur Unvorsicht.

Der Preis der Macht

Umgekehrt hat das auch alles seinen Preis. Die empirische Erziehungsforschung belegt international, daß Jungen viel weniger lange als Mädchen festgehalten, umarmt, geküßt und gestreichelt werden. Die empirische Männerforschung zeigt ebenso international, wie Männer ihre Ängste, Schwächen und Minderwertigkeitsgefühle hinter einer höchst prekären Fassade von Unverletzbarkeit, Leistungsbesessenheit und Erfolgsstreben verbergen, weil es die traditionelle Männerrolle so verlangt.

Die bereits zitierte kalifornische Psychologin Jan Halper sucht »die Wahrheit über erfolgreiche Männer«. Ihr Material ist reichhaltig: Neben Tiefeninterviews mit 43 Bossen der amerikanischen Großwirtschaft hat sie intensive Gespräche mit 4126 Firmenchefs, Vorstandsvorsitzenden, Managern und leitenden Angestellten geführt. Das Ergebnis – pauschal bezeichnet – ist, daß Macht Privilegien schafft, aber auch ihren Preis hat. Fast alle Mächtigen, die Halper befragt hat, sind Sklaven ihrer Machtpositionen. Sie sind arbeitssüchtig, »workaholics«, und fühlen sich einzig während ihrer allerdings exzessiven Arbeitszeit wohl, lebendig und herausgefordert. Ohne ihre Tätigkeit – am Feierabend, am Wochenende oder in den Ferien – erleben sie sich als leer, nutzlos und verloren.

Diese »erfolgreichen, mächtigen Männer« führen überdies »ein unrealistisches Leben«, da sie von den anderen, den Abhängigen, angebetet und verehrt werden, nur hören, was sie hören möchten, und niemand sich getraut, ihre Entscheidungen zu kritisieren. Bosse leben in einem Ghetto, in welchem sie ihre Macht auskosten, aber auch den Zwängen ihrer Stellung unterworfen sind. So haben die meisten Unternehmer und Manager, denen Jan Halper begegnet ist, nie gelernt, Macht zu delegieren, weil sie Angst haben, dergestalt Kontrolle verlieren zu können. Auf die Frage, wie er mit seiner Entscheidungskompetenz umgeht, antwortet der Finanzmanager Ken Leonard: »Ich sage meinen Leuten, was sie tun sollen. Das bedeutet, daß sie es auch ohne Fragen zu tun haben.« Mit Stolz vermerkt Leonard, daß er sich niemals Zeit nimmt, seinen Untergebenen zuzuhören. Auf die Frage, ob er im Umgang mit seinen Mitarbeitern jemals Probleme zu lösen gehabt hätte, antwortet er: »Aufgrund meiner Machtstellung habe ich keine Probleme.« Als er die Altersgrenze erreicht, gibt der Präsident seiner Gesellschaft für ihn eine Abschiedsparty; keiner seiner Untergebenen kommt. Macht läßt einsam werden.

Die innere Leere

Das Streben nach Macht und deren anstrengender Erhalt vereinseitigen das Leben der Bosse. Halper stößt bei ihren Gesprächen und vor allem bei den Tiefeninterviews unter der mächtigen Oberfläche von Erfolg und Ruhm auf Unsicherheit, Leere, persönliche Ziellosigkeit, Depression und Desillusionierung. Im mittleren Management zum Beispiel müssen 58 Prozent der Befragten eingestehen, daß sie Jahre mit ihrer Karriere verschleudert haben, um dann zu merken, wie leer und bedeutungslos ihr Leben wirklich ist.

»Die Quelle dieses Leidens kommt aus der Tatsache, daß Männer davon abgeschnitten wurden, wer sie eigentlich sind. Ihnen ist beigebracht worden, ihre innere Welt zu verleugnen, ihre Gefühle zu vermeiden und entsprechend vorgegebener Muster zu leben.«

Der Karrierezwang verstärkt diese männliche Sozialisation: Um erfolgreich zu sein, müssen Männer Unglück und Unzufriedenheit mit dem Gedanken »wegrationalisieren, daß sie ja ihre Pflicht für den Arbeitgeber getan haben«. Eine solche Einstellung verlangt auch den Verzicht auf eigene Werte, Ideale und Normen zugunsten der Ansprüche von Profitmaximierung und Machtakkumulation. Halper stieß dementsprechend auf Männer, »die nach Jahren aufopfernder Arbeit, nachdem sie ihr Unternehmen zu dem gemacht hatten, was es nun war, und nachdem sie ihre Firma zur besten und angesehensten entwickelt hatten, sich plötzlich fragten, was ihnen im Leben wichtig ist, wie und zu welchem Zweck all die Jahre vergangen sind und wer sie eigentlich sind, falls sie nicht ihre Arbeit sind«.

Guy Stewart, ein erfolgreicher Investmentbanker, erzählt Halper, wie er mitten in der Nacht schweißgebadet aufgewacht ist. Er hatte geträumt, im Gefängnis zu sein und nur unter der Bedingung entlassen zu werden, daß er seinen Bewachern sagt, was er sich vom Leben wünscht. Weinend muß Guy gestehen, daß er das nicht weiß. »Seit meiner Schulzeit fühle ich mich wie im Gefängnis. Alle haben über mich entschieden, wie ich erfolgreich zu sein habe, aber niemand hat mich danach gefragt, wie ich darüber denke.« Der Präsident einer der größten Computer-Firmen bittet Halper zu sich, weil er fürchtet, von seinen Direktoren abgewählt zu werden. Hilflos und aufgewühlt sieht er sich in seinem Luxusbüro über den Dächern von Los Angeles der Perspektive gegenüber, sich zurückziehen zu müssen. »Ich *bin* doch das Unternehmen. Meine Entlassung wäre gleichbedeutend mit meinem Gesichtsverlust. Diese Demütigung könnte ich nicht ertragen. Wer wäre ich denn dann noch in der Stadt? Wenn mich meine Angestellten nicht mehr brauchen, was bin ich denn dann noch wert?« Er wurde entlassen und leidet seither an einer Depression suizidalen Ausmaßes.

Selbst erstaunt fragt sich Jan Halper: »Wie kann eine

nach außen so erfolgreiche Person im Grunde so unsicher sein?« Die Antwort erhält Halper von jenen 23 Prozent der Befragten, die angeben, mit sich und ihrer Situation zufrieden zu sein. Sie hatten allesamt eines gemeinsam: Sie waren durch einen Zeitabschnitt des tiefen Selbstzweifels gegangen, währenddessen sie ihre Glaubenssätze, Werte und Zielvorstellungen geprüft hatten. Ihre jetzige Zufriedenheit resultierte aus der unternommenen Suche nach dem Sinn ihres Lebens und aus der Überwindung der Abhängigkeit vom äußeren Erfolg. »Diese zufriedenen Männer nannten ihre Prioritäten: Spaß an der Arbeit, Wachstum und Entwicklung ihrer Persönlichkeit, Wichtigkeit von Familie und Freundeskreis. Status, Ruhm oder Geld finden sich nicht auf der Liste der Motivatoren.« Wer hingegen von diesen externen Faktoren abhängig ist, um den eigenen Selbstwert und die eigene Identität zu messen, ist »jeweils nur so gut wie gerade sein nächster Erfolg«. Glück und Authentizität lassen sich nicht über das erfahren, was »Mann« hat, sondern nur über das, was »Mann« ist. »Das unnötige Leiden und die Leere werden von fehlleitenden Werten verursacht, die die Männer als Evangelium nehmen, Werte, die größere Bedeutung auf Ruhm, Reichtum und Status legen als auf Ehrlichkeit, Integrität, Selbstentwicklung und Achtsamkeit. Indem sie ihre eigenen Werte für ihren Status opfern, dem äußeren Schein größere Bedeutung zuweisen als dem Glück, mehr Zeit in leere und falsche Beziehungen investieren als in aufrichtige, finden sich die Männer leer und selbstbetrogen wieder.«

Jan Halper traf bei ihren Interviews mit den mächtigsten Wirtschaftsführern der USA eine Mehrheit enttäuschter Männer, die allesamt eingestehen mußten, ihre Träume und Wünsche zugunsten der Firma zurückgestellt zu haben. »Da sie unreflektiert die Verantwortung und die Verpflichtungen, die ihnen auferlegt wurden, akzeptierten, hatten sie ihre eigenen Bedürfnisse geopfert. Diese Männer haben niemals gelernt zu bestimmen, was sie wirklich fühlen und was eigentlich richtig für sie ist.« So verpassen sie schließlich das, was das Wichtigste ist: Echtheit, Unverwechselbarkeit, Glück, Liebe, Freundschaft und die Gewißheit, am Leben wirklich teilzuhaben. Viele dieser erfolgreichen Männer sind innerlich verzweifelt; ihre Rolle als Boß und Leader erlaubt ihnen aber nicht einmal das Eingeständnis ihres persönlichen Scheiterns; sie nehmen ihre Verzweiflung in sich hinein und schweigen: »quiet desperation«.

Äußere Macht, innere Ohnmacht

Damit ist das männliche Dilemma bezeichnet: äußere Macht, innere Ohnmacht. Nicht umsonst sind so viele erfolgreiche Männer süchtig, süchtig nach Arbeit, Alkohol und auch nach Drogen. Frauen sehen oft nur den äußeren Schein des männlichen Erfolgs und neiden diesen, durchaus verständlich. Was nicht gesehen wird, und auch nur schwerlich gesehen werden kann, sind die Einbußen an »männlicher Menschlichkeit«: das innere Unglück, die verdrängten Gefühle, die Verklemmtheit, die verkorksten Sehnsüchte, der verschwiegene Alkoholismus oder die Tablettensucht. Auch nach außen erfolgreiche Männer sind innerlich oft Wracks.[3]

Hinzu kommt etwas, was Frauen ebenfalls zumeist verborgen bleibt: Nur eine kleine Minderheit von Männern ist äußerlich erfolgreich; die große Mehrheit bleibt auf der langen Karriereleiter ziemlich weit unten stecken. Aber auch diese Männer messen sich und ihr Leben am männlichen Rollenbild von Erfolg, Macht und Leistung – und

3 Um Mißverständnisse zu vermeiden, sei ausdrücklich betont, daß es mir weder darum geht, Mitleid für Männer zu erregen noch Tatbestände männlicher Macht zu verschleiern. Allerdings soll die einseitige feministische Anprangerung männlicher Privilegien dergestalt relativiert werden, daß auch männliche Verzichtleistungen, Opfer und Defizite deutlich werden.

werden daran gemessen. Ihr Scheitern in der Mittelmäßigkeit ist noch um einiges tragischer als der Konflikt ihrer erfolgreichen Geschlechtsgenossen zwischen äußerer Macht und innerer Ohnmächtigkeit.

Das halbierte Leben

Die Soziologin Elisabeth Beck-Gernsheim hat in einem ihrer Buchtitel das gescheite Wort vom »halbierten Leben« geprägt. Sie meint damit vor allem die soziohistorische Zuweisung von Hausarbeit und Kindererziehung an die Frau, aber durchaus auch die Festlegung des Mannes auf die Erwerbsarbeit. Die einseitige Fixierung des Mannes auf den Bereich der Erwerbstätigkeit läßt ihn »draußen« Fähigkeiten abspalten und vergessen, wie sie die Frau »drinnen« alltäglich benötigt.

Beck-Gernsheim konzediert, daß auch Männer unter dem »leiden ..., was als Prototyp von ›Männlichkeit‹ ihnen abverlangt wird«. Das bedeutet ganz allgemein zunächst einmal die Einschränkung unserer Persönlichkeit durch ein gänzlich eindimensionales Anforderungsprofil der Erwerbsarbeit. Was heißt das konkret? In unserer beruflichen Wirklichkeit sind verlangt: Disziplin, Pünktlichkeit, Kontinuität, Fleiß, Härte, Leistung, Berechnung, Rationalität und Konkurrenz. Untersagt sind hingegen: Spontaneität, Unpünktlichkeit, Lustprinzip, Faulheit, Schwäche, Improvisation, Gefühl, Irrationalität und Fürsorglichkeit. Erwerbsarbeit reduziert uns Männer damit auf funktional Tätige. »So gesehen«, notiert Beck-Gernsheim, »ist Berufsarbeit immer auch ein Einüben in Verzichtleistungen aller Art: Verzicht auf viele Hoffnungen, Ansprüche, Pläne, die sich nicht mit der geradlinigen Berufsbiographie vereinbaren lassen, Verzicht auf viele Gefühle und Gespräche, Bindungen und Beziehungen, auf Erfahrungen der Nähe und Vertrautheit. Sie ist Einpassung in ein Leben, das in wesentlichen Bereichen einseitig ist, bedürfnisfern, möglichst rational durchorganisiert.« Für den Mann bedeutet das vor allem die erzwungene Distanz von seinen emotionalen, kommunikativen und sozialen (mitmenschlichen) Bedürfnissen.

Der Mann hat dabei seine Ganzheit ebenso aufgeben müssen wie das die Frau auf ihre Weise zu tun gezwungen war. Dabei sind Hoffnungen, Wünsche, Träume und Sehnsüchte von uns allen auf der Strecke geblieben. Männer-Gespräche, Männer-Protokolle und wissenschaftlich Männer-Literatur beschreiben ein weites Spektrum dessen, was uns verlorengegangen und abhanden gekommen ist. Das Ergebnis ist durchaus tragisch.

Viele Männer spüren das Korsett, in das sie ihre Berufsrollen zwängen. Sie fühlen sich selber als Maschinen, die nach dem Rhythmus und den Erfordernissen abstrakter Unternehmensregeln funktionieren. Die Interviews von Jan Halper belegen das mit aller Deutlichkeit. Viele Männer sind noch in der Lage einzugestehen, daß sie sich ihre Berufstätigkeit anders vorgestellt haben, ganzheitlicher, lebendiger, farbiger, erfüllend und als Chance persönlicher Weiterentwicklung. In Wirklichkeit aber treten die meisten von uns auf der Stelle, standardisiert, genormt, botmäßig, beflissen, nahezu abgerichtet. Das Eigene läßt sich in solche Arbeit kaum einbringen, sondern bleibt außen vor, weil es den Regelverlauf der Dinge nur stören würde. So sterben Träume von der persönlichen Verantwortung im Beruf, Wünsche nach eigener Initiative, Hoffnungen auf die erfinderische Individualität, Sehnsüchte nach dem befriedigenden Werk und der Hingabe an eine sinnhafte Aufgabe. Totgemacht von Routine, Kontrolle, Dressur, Wiederholung, Schliff, Stumpfsinn und Bürokratie.

Auch menschliche Beziehungen während der Arbeit haben wir uns durchaus anders vorgestellt. Unsere Träume waren angefüllt mit den Perspektiven interessanter Diskussionen und gemeinsamen Schaffens; wir hofften auf Dialoge, die uns inhaltlich weiterbringen, uns herausfordern und trotzdem von Solidarität geprägt sind. Statt dessen finden wir uns in Arbeitsvollzügen wieder, in denen realiter Gespräche selten sind, in denen Anweisungen und Befehle Kommunikation ersetzen, in denen es um Nützlichkeit und Profit geht statt um Kreativität und in denen der eine von uns der Konkurrent des anderen ist, viel eher Feind als Freund und statt helfender Partner mißgünstiger Nutznießer der Fehler des mitarbeitenden Geschlechtsgenossen. Von uns zeigen dürfen wir dabei nichts; es könnte ja Defizite verraten und also zum eigenen Schaden gereichen. So ist denn »cool sein« die Devise in der berufstätigen Männerwelt.

Die Ohnmacht der Männer

Die kritische Männerforschung ist mittlerweile zu der Einsicht gelangt, daß die männliche Rolle gefährlich ist – nicht nur für Frauen, Kinder und die Natur, sondern vor allem für ihre Träger selber. Das Männlichkeitsideal von Härte, Leistung, »Pokerface« und Konkurrenz verlangt ständige Anstrengung, Streß in Permanenz und andauernde Selbstbehauptung. Das mag ideologisch als Privileg gedeutet werden; in Wirklichkeit stellt es eine Bürde dar, an der wir alle – wenn wir aufrichtig sind – schwer und mühsam zu tragen haben.

Nun wäre es eine Illusion anzunehmen, daß wir in unserem Privatleben als ganzheitliche, gefühlvolle und kreative Menschen wiederauferstehen könnten. Die Zwänge, Beschränkungen und Verzichte im Berufsbereich sind keine Masken, die wir wie im Karneval an- und auszuziehen in der Lage wären; es handelt sich dabei vielmehr um eigentliche Amputationen, das heißt, diese Fähigkeiten wurden uns genommen und ausgetrieben. Jene Kulturkritiker, die seit langem beschreiben, wie Männer ihre professionellen Rollen und Anforderungen in sich hineinnehmen, sie verinnerlichen, weil sie sie verinnerlichen müssen, haben mit dem Hinweis recht, daß unsere Privatheit, ja unsere Intimsphäre davon nicht unbeschadet bleibt. Wer sich über Jahrzehnte im Beruf äußeren Normen zu unterwerfen hat, kann nur schwerlich noch sein Inneres ausdrücken und leben. Wer sich über acht Stunden in der Arbeit sorgsam kontrollieren muß, kann sich kaum mehr lockerlassen, hingeben, verschenken und vergessen. Wer sich gegen allfällige Konkurrenten ständig abschotten muß, kann sich auch in der Freizeit nicht mehr öffnen; er bleibt zu, verschlossen und letztendlich damit auch beziehungslos. So agieren wir auch daheim noch mit der versteinerten Miene eines Humphrey Bogart und der abweisenden Pose eines John Wayne, trampeln oft merklos auf den Gefühlen unserer Frauen herum und sind unfähig, auf deren Angebot der Öffnung und des Dialogs einzugehen. »Emotionaler Krüppel« – so bringt es die Männerliteratur auf den Begriff, und so übertrieben scheint dieses harte Bild manchmal gar nicht zu sein.

Schließlich übertragen wir unsere Arbeitserfahrungen auch auf unsere Körperlichkeit, auf den Umgang mit Gesundheit und Krankheit. Ärzte, Psychologen und bewußt gewordene Männer bemerken, daß wir unseren Leib als Maschine betrachten, die zu funktionieren hat. Verweigert sie sich einmal, werfen wir Pillen ein, damit sie wieder anspringt. Die Ganzheit zwischen Kopf, Körper und Seele ist uns abhanden gekommen; viele von uns lächeln blöde bis mitleidig über solch »mystische« Auffassungen. Wir sind die großen Pragmatiker allüberall, und dementsprechend verstehen wir unseren Körper, die einzelnen Organe in ihrer Funktionsfähigkeit und ihrem Einzelnutzen säuberlich geteilt. Schmerzt der Kopf, hilft ein Aspirin; gegen Müdigkeit empfehlen sich unzählige Tassen Kaffee; rebelliert die Leber, saufen wir zeitweise etwas weniger, und gegen Herzflattern gibt es ein großes Angebot von Tranquilizern. Bloß nichts spüren! So kommen wir schon irgendwie über die Runden. Für den Notfall gibt es allemal den Körpermechaniker, auch Arzt genannt, und die Apparatemedizin, die wir Männer ja selber erfunden und raffiniert haben.

Selbst mit dem, was uns Lust macht, gehen wir häufig getrimmt, genormt und maschinell um, so zum Beispiel mit unserer Sexualität. Männer zählen ihre Eroberungen, ihre Geliebten, deren Orgasmen und vielleicht auch noch die eigenen, falls sie welche haben. Statt uns der Liebe und der Leidenschaft hinzugeben, registrieren wir horizontale Leistungen und erwarten dafür noch verbale Anerkennung.

Das alles ist die andere Seite unserer materiell privilegierten männlichen Rolle. Der amerikanische Psychotherapeut und Männerforscher Herb Goldberg kommentiert zusammenfassend: »Es ist für Männer eine tragische Tatsache, daß Einstellungen und Verhaltensmuster, die einen Menschen zerstören, für ausgesprochen männlich gelten, während das, was für persönliche Verwirklichung und Menschsein wichtig ist, weiblich genannt wird.«

Die männlichen Imperative

Was die Umsetzung dieses fatalen Ideals von Männlichkeit in unserem Alltag verlangt, hat Herb Goldberg plastisch beschrieben; er nennt das die sieben maskulinen Imperative:

1. Je weniger Schlaf ich benötige,
2. je mehr Schmerzen ich ertragen kann,
3. je mehr Alkohol ich vertrage,
4. je weniger ich mich darum kümmere, was ich esse,
5. je weniger ich jemanden um Hilfe bitte und von jemandem abhängig bin,
6. je mehr ich meine Gefühle kontrolliere und unterdrücke,
7. je weniger ich auf meinen Körper achte –,
   desto männlicher bin ich.

Diese männlichen Verhaltensanforderungen als solche sind bereits problematisch: Sie suggerieren dem Mann Unverletzbarkeit und lassen ihn dergestalt bedrohliche Risiken auf sich nehmen; sie zwingen den Mann zu Persönlichkeitsmerkmalen, die a priori mit großen Gefahren verbunden sind; sie verhindern, daß der Mann bewußt wahrnimmt, was er eigentlich tut oder zu tun gezwungen wird. Genau besehen verlangen diese Verhaltensanforderungen einen männlichen Übermenschen, und der ist sozial so konstruiert, daß er im Grunde mit einem Unmenschen identisch ist. Wer erfüllt, was Goldberg die sieben maskulinen Imperative nennt, ist vorprogrammiert auf Abhärtung, Kampf, Verschlossenheit, emotionale Verstopfung, Egoismus und Zerstörung.

Das Dilemma von Männlichkeit ist damit klar; es offenbart sich in folgender Alternative: Entweder erfülle ich als Mann die maskulinen Imperative und damit meine männliche Rolle – dann aber gebe ich mich letztendlich in meiner Menschlichkeit auf; oder ich folge meinen menschlichen Bedürfnissen – dann aber gelte ich entsprechend der gesellschaftlichen Definition nicht mehr als Mann. Damit – und so kraß muß das schon formuliert werden – schließen sich humane Grundbedürfnisse und männliche Rolle gegenseitig aus. Wer das eine will, kann das andere nicht und umgekehrt.

Die Folgen sind Streß, Konflikte, seelische und körperliche Erkrankungen, Suizid. Der amerikanische Forscher James M. O'Neil hat in einer verdienstvollen Arbeit alle vorliegenden medizinischen, psychologischen und sozialmedizinischen Untersuchungsergebnisse zur gegenwärtigen Krise von Männlichkeit in sechs großen Problemgebieten zusammengefaßt:

1. eingeschränktes Gefühlsleben,
2. Homophobie,
3. Kontroll-, Macht- und Wettbewerbszwänge,
4. gehemmtes sexuelles und affektives Verhalten,
5. Sucht nach Leistung und Erfolg,
6. unsorgsame Gesundheitspflege.

Alle sechs Symptome lassen sich grundsätzlich auf die Angst des Mannes vor der Weiblichkeit zurückführen. Besehen wir uns diese Untersuchungsergebnisse etwas näher.

Eingeschränktes Gefühlsleben bedeutet, daß Männer Schwierigkeiten haben, sich emotional frei und offen auszudrücken, und daß sie auch anderen aus eigener Angst diese Fähigkeit nicht zugestehen. Das bedingt, daß Männer ihre emotionale Kontrolle nicht aufgeben, sich nicht verletzlich zeigen wollen und vor neuen Erfahrungen zurückschrecken. Als Folge solch unterdrückter Emotionalität entstehen Verärgerung, Frustration, Feindseligkeit und Wut, die sich nicht selten explosionsartig in Aggressivität und Gewalt äußern. Als extreme Konsequenzen dieses eingeschränkten männlichen Gefühlslebens nennt O'Neil die Gewalttätigkeit gegen Frauen, sexuellen Mißbrauch von Kindern, Inzest und Vergewaltigung. Männer lernen schon als Jungen ihr Gefühlsleben einzuschränken, weil dieses gesamtgesellschaftlich als weiblich etikettiert wird. Sie befürchten, daß der Ausdruck von Emotionen nach außen den Eindruck einer zu gering entwickelten eigenen Männlichkeit erweckt. Sie verschließen sich lieber und riskieren damit, daß ihre Interaktionsfähigkeit mit anderen Menschen begrenzt bleibt. So degradiert sich der Mann zum Einzelkämpfer, zur Charaktermaske.

Homophobie ist die männliche Angst vor der Nähe zu anderen Männern, und damit ganz eng verbunden: die Abwehr von Homosexualität. Auch hier dominiert die Furcht, für weiblich, weich und damit für schwul gehalten zu werden. »Ein Mann, der seine eigene Feminität oder seine Anziehungskraft auf andere Männer fürchtet, ist versucht, sich und andere von seiner Heterosexualität zu überzeugen, indem er alle weiblichen, interpersonalen und intimen Gefühle oder Impulse unterdrückt.« Diese Angst fördert auf der anderen Seite kausal ein autoritäres, dogmatisches, rigides und intolerantes Verhalten.

Die Kontroll-, Macht- und Wettbewerbszwänge dienen dazu, den Mann Situationen und Mitmenschen beherrschen zu lassen. Alle drei Attribute sind Gradmesser für die eigene Männlichkeit. Bereits im Kindesalter erhalten Jungen viel mehr Ermutigung, Lob und Feedback, dominant, aktiv, mächtig und kontrolliert zu sein und ebensoviel mehr Strafe, Liebesentzug und Verachtung als Mädchen, wenn sie es nicht zur Genüge sind. Sie lernen früh, ihren Selbstwert über Konkurrenz, Machterwerb und Dominanz zu bestimmen. Niederlagen sind mit Entmännlichung identisch; wer nicht siegt, ist kein Mann. Kontrolle, Macht und Wettbewerb sind auch die entscheidenden Indikatoren, nach denen Männer ihre persönlichen Beziehungen bewerten, was notwendigerweise zur Abwertung von Verantwortung, Ethos, Mitmenschlichkeit, Liebe und Fürsorge zwingt.

Das gehemmte sexuelle und affektive Verhalten basiert im wesentlichen auf der männlichen Angst, die eigenen weiblichen Seiten zuzulassen. Das verhindert Gefühle, Sinnlichkeit, Intimität und Liebe zu anderen und führt dazu, die eigene Sexualität von Zärtlichkeit und Emotionalität abzuspalten und unter dem Aspekt von Leistung und Dominanz zu leben. Die Forschung ist sich einig, daß der Mann sexuell zum Opfer seiner eigenen »Obsession von Leistung und Erfolg« wird; in seiner Frustration spiegelt sich die Unterdrückung seiner Gefühle, sein Kontrollzwang und sein Dominanzstreben. Nicht Herrschaft, sonder Hingabe ist das Essential von Liebe und Sexualität.

Die Sucht nach Leistung und Erfolg ist die zwanghafte Notwendigkeit, das eigene Mannsein immer wieder neu erfahrbar zu machen und zu messen. Die Konsequenz ist, daß Männer wenig Zeit und Energie für Entspannung, Vergnügen, Spaß und Freizeit aufzubringen in der Lage sind. Alle empirischen Untersuchungen, die O'Neil zitiert, weisen aus, daß Männer ihr Selbstwertgefühl ebenso wie ihr Erleben von Glück und Sinn des Lebens nur über ihre Arbeit und deren Gratifikation zu bestimmen vermögen. Ihr Leben ist Tun und Haben, nicht Lassen und Sein. Eine besondere Bedeutung spielt dabei die Verknüpfung der männlichen Arbeitsrolle mit der des Familienernährers. Je mehr ein Mann für seine Frau und Kinder materiell erwirtschaftet, desto sicherer fühlt er sich in seiner Männlichkeit. Doch diese Erfolgsorientierung beinhaltet per se, daß der Mann das meiste seiner Zeit und Kraft in seine Arbeitsleistung investiert, sich dementsprechend sukzessive von Frau und Kindern emotional entfernt und sich schließlich zwar erfolgreich, aber menschlich entfremdet wiederfindet.

Die unsorgsame Gesundheitspflege äußert sich darin, daß Männer unzureichend entspannen, sich zu wenig physisch betätigen, zu wenig zum Arzt gehen und körperliche Warnsignale mißachten. Auch hier wird die Sorge um das eigene leibliche Wohl als weiblich oder gar weibisch belächelt und abgetan. Dementsprechend sind Männer im Durchschnitt kränker als Frauen und sterben erheblich früher.

Diese Problemfelder gewinnen an Brisanz, seit die männliche Rolle nicht mehr in ihrer traditionellen Weise begriffen werden kann. O'Neil weist darauf hin, daß sich alle Männer seit dem feministischen Aufbruch in den siebziger Jahren in einer grundsätzlichen Rollenunsicherheit erleben. Was bis dahin klar definierte Männlichkeit war, wird nun plötzlich als unterdrückend, sexistisch und inakzeptabel gebrandmarkt. Diese Rollenunsicherheit provoziert verschiedenste männliche Reaktionsformen, die von der Einsicht und Veränderung über die Verdrängung und Abwehr bis zur Überkompensation reichen.

Das ist im weiteren Sinn auch ein wesentlicher Grund für die ambivalente Struktur von Männerwelten. Nach außen wirken sie fest, sicher und nahezu uneinnehmbar. So empfinden es jedenfalls viele Frauen. In Wirklichkeit sieht das alles um einiges anders aus. Festigkeit, Sicherheit und Uneinnehmbarkeit von Männerwelten stellen deren Fassade dar, hinter der sich Widersprüchlichkeit, Unsicherheit und Brüchigkeit verstecken und – vorläufig noch einigermaßen geschickt – auch tarnen. Männer vertreten nach wie vor ihre Ansprüche und Positionen entschlossen und um ihren sozialen Besitzstand kämpfend. Nach außen erzeugen sie den Eindruck von Geschlossenheit, Kohärenz, für Beobachterinnen oft sogar den von Männerbünden.

Die *Binnenstruktur* von Männerwelten offenbart indessen Wettbewerb, Konkurrenz, Auseinandersetzung, soziales Catch-as-catch-can. Männer fungieren hier als Einzelkämpfer, Steppenwölfe, Erfolgsmaschinen – mißtrauisch, kontrolliert, verschlossen, intrigant und immer gestreßt. Von ihrem machtpolitischen Gebrauchswert aus betrachtet sind Männerwelten sicher beeindruckende Bastionen; ihr menschlicher Wert ist indessen gänzlich gering; Männerwelten garantieren zwar auf eine sehr veräußerlichte Art Zugehörigkeit, Interessenwahrnehmung und Kumpanei, aber sie vermitteln weder Geborgenheit noch Wärme, weder Solidarität noch eine Sicherheit, die lebenstragend wäre.

Es wandelt sich einiges gewiß. Männerwelten verändern sich von männerbündischen Interessengemeinschaften zu Aktionsformen von Männern, die authentisch miteinander umgehen, sich öffnen und an sich arbeiten. Deutlich wächst das männliche Bedürfnis nach Männerfreundschaften, und nicht wenige vermochten das bereits in die Wirklichkeit umzusetzen. Insgesamt betrachtet ist der innere Zustand von Männerwelten aber trübe und nachgerade kümmerlich. Der deutsche Mann betrachtet seinen Geschlechtsgenossen noch immer mehrheitlich als Konkurrenten und Feind. Die logische Folge davon sind im alltäglichen Verhalten von Männern zu Männern geradezu paranoide Zwangsvorstellungen von Mißgunst, Verfolgung und eigener Mimikry. »Mann« getraut sich nicht zu öffnen; er maskiert sich innerlich, verschließt sich, und während er freundlich lächelt, denkt er über den perfekten Plan nach, seinen Konkurrenten sozial zu ermorden. Das Resultat sind oft genug innerlich entleerte Männer – entfremdet, einsam und im tiefsten wurzellos. Männer mögen von außen noch als das erfolgreiche Geschlecht bezeichnet werden; ein glückliches Geschlecht sind sie ganz sicher nicht.

Trotz der offenkundigen Krise von Männlichkeit fällt es noch immer einer großen Mehrheit von Männern äußerst schwer, sich realitätsgerecht mit ihrer äußeren und inneren Verfaßtheit auseinanderzusetzen. Erfahrungsberichte aus Männergruppen und noch mehr aus den deutschen Männerzentren dokumentieren ein umfängliches Arsenal von Verdrängungsstrategien und Rationalisierungen:

- Männer getrauen sich aufgrund der Verhaltenserwartungen ihrer männlichen Rolle kaum bis gar nicht, ein Problem einzugestehen und um Hilfe zu bitten.
- Männer sind überzeugt, daß es ihnen die männliche Rolle verbietet, in eine eigene Krisensituation zu geraten, geschweige denn, diese auch noch offen einzugestehen.
- Auch manifeste Schwierigkeiten werden von Männern aus der Angst heraus, für schwach gehalten zu werden, zunächst einmal bagatellisiert.
- Männer projizieren ihre Probleme auf andere, bevor sie sie in einem späteren Stadium als eigene anerkennen können.
- Männer sehen sich so stark in sozialen Situationen und Sachzwängen verankert, daß sie wenig an Mut, Phantasie und Veränderungswillen zu entwickeln in der Lage sind.
- Nach der Erkenntnis eines Problems wollen Männer schnell und nahezu technokratisch Abhilfe schaffen.
- Männer sind nur nach der Überwindung heftigster Widerstände bereit, sich wirklich auf sich und auf die Ursachen ihrer Problemsituation einzulassen.[4]

4 Hier wird auf Erfahrungen des Berliner Männerbüros »Mannege« rekurriert, wie sie in ähnlicher Formulierung Matthias Bissinger beim Hearing der SPD, »Die Frauenfrage als Männerfrage«, im Juni 1989 in Bonn vorgetragen hat. Die SPD hat eine Dokumentation dieser Anhörung vorgelegt. Vgl. zu dieser Problematik in wissenschaftlicher Form: James M.

Das heißt: Die meisten Männer sind noch so sehr in ihre Rollen eingebunden, daß sie nicht einmal das Eingeständnis zulassen können, mit diesen Rollen zunehmend vitale Schwierigkeiten zu haben. Es wäre sicherlich falsch, diesen Tatbestand primär subjektivistisch der sozialen Anpassung und damit auch der Feigheit einzelner Männer anzulasten. Hier gilt es vielmehr anzuzeigen, wie stark noch immer der Prägungs- und Erwartungsdruck der Gesellschaft ist und dementsprechend wie bedrohlich Sanktionen gegenüber jenen Männern sind, die sich nicht mehr willens zeigen, den traditionellen Rollenmustern vorbehaltlos zu folgen. Dabei gäbe es Grund genug, die Verhaltenserwartungen dieser Männlichkeit endlich zu verändern, da der Nachweis vom Zusammenhang der männlichen Rolle und männlicher Krankheit mittlerweile vielfach geliefert worden ist. Nach einer subtilen Untersuchung folgert Horst-Eberhard Richter: »Studiert man das Merkmalsbild der ›Herzinfarkt-Persönlichkeit‹ genauer, so fällt auf, daß es eigentlich ziemlich exakt mit dem Idealbild des supermännlichen Mannes der Leistungsgesellschaft übereinstimmt. Es ist nahezu identisch mit dem Inbegriff derjenigen Eigenschaften, die Aufstieg und maximales männliches Prestige verheißen und fortwährend in der Erziehung des Jungen verherrlicht werden. So sieht der energiegeladene, ehrgeizbesessene Tatmensch aus, der sich durchsetzt und sich nirgends kleinkriegen läßt.« Dieser Mann ist zunächst manifest durchaus nicht krank; er funktioniert und leidet subjektiv mitnichten unter der Erfüllung seiner männlichen Verhaltenserwartungen. »In den Jahrzehnten vor seinem Infarkt, in denen er den Arzt meidet und auf Fragebögen seine fabelhafte Fitneß und Beschwerdefreiheit bezeugt, zermürbt er sich in

O'Neil: »Gender-role conflict und strain in men's lives«. In: Kenneth Solomon/Norman B. Levy (Hg.): »Men in transition«, New York – London 1982.

einem unsichtbaren, chronischen Prozeß. Er hat sich oft längst schon irreparabel gesundheitlich ruiniert, wenn er immer noch, auf Grund seines Benehmens, als Inbegriff körperlicher Stabilität bewundert wird, bis er dann eines Tages scheinbar aus ›heiterem Himmel‹ mit seinem Infarkt zusammenbricht.«

Eine Betrachtung der Zahlen der Weltgesundheitsbehörde (WHO) dokumentiert eindeutig, mit welchem Vorsprung wir Männer die Frauen inzwischen überholt haben; das gilt für Kreislauferkrankungen, Herzerkrankungen, Gehirngefäßerkrankungen, Lungenkrebs, Atemwegserkrankungen, Bronchitis, Emphyseme, Asthma, Magenkrebs, Dickdarmkrebs, Mastdarmkrebs, bei Erkrankungen der Verdauungsorgane, chronischen Leberschäden, Zirrhose und bei Suchtgefahren, insbesondere Alkoholismus und Drogenkonsum sowie bei Aids.

Amerikanische Untersuchungen, wie sie zum Beispiel Goldberg, O'Neil oder Swanson und Forrest referieren, bestätigen diesen üblen Sachverhalt. Nur konsequent besteht zwischen den Lebenserwartungs- und Mortalitätsdaten von Frauen und Männern eine wachsende Kluft zuungunsten der Männer, die im internationalen Durchschnitt mindestens acht Jahre früher sterben als die Frauen. Viele Autoren gehen deshalb inzwischen so weit, uns Männer – gesundheitsmäßig gesehen – als das schwächere Geschlecht zu bezeichnen.

Janice M. Swanson, Katherine A. Forrest und ihre Mitarbeiter haben sich der Frage angenommen, warum der Krankheits- und Mortalitätsstand der Männer so hoch ist. Die wichtigste Ursache liegt auch hier in der Struktur der männlichen Rolle, die darauf angelegt ist, die Männer mit Risiken, Gefahren und Bedrohungen zu konfrontieren. So dominieren beispielsweise Männer die Schwerindustrie, überwiegen bei weitem im Transportwesen und beherrschen die Bauindustrie. Zur männlichen Rolle gehört aber nicht nur, allfälligen Gefahren mutig zu trotzen, sondern auch damit verbundene Probleme, Ängste und Leiden nicht zuzugeben. Dementsprechend suchen Männer signifikant weniger als Frauen um ärztliche und medizinische Hilfe nach. »Der ureigene Wunsch des Mannes, sich sein Selbstverständnis als starkes, aufgeklärtes und autarkes (männliches) Wesen zu erhalten, hindert ihn daran, Hilfe in diesen Nöten zu suchen oder gar bewußt zu erkennen, daß er überhaupt hilfsbedürftig sein könnte.«

Umgekehrt nimmt sich die Medizin zu wenig der Männer an. Im Gegensatz zu den Frauen wurde den Männern kein einziges eigenes Fachgebiet zugestanden. In der Primärfürsorge kommen männliche Bedürfnisse eindeutig zu kurz. Die spezifischen gesundheitlichen Problemlagen des Mannes werden von der medizinischen Versorgung zu wenig berücksichtigt. Eine weitere »Barriere für das Gesundheitsbewußtsein des Mannes ist die finanzielle Seite. Für Aufklärung, Beratung und Prävention stehen ihm weniger Versicherungsleistungen zur Verfügung als für unmittelbare Interventionen bei akuter Erkrankung«. Das Vorsorgeinstrumentarium ist für Frauen ungleich besser ausgebildet als für Männer. Schließlich riskieren Männer »Einkommenseinbußen, wenn sie wegen Krankheit oder Arztbesuchen Arbeitszeit verlieren«. Arbeitgeber verfolgen medizinische Konsultationen von Männern mit Mißtrauen. »Ein Mann mit Gesundheitsproblemen kann seinen Vorgesetzten als unzulänglicher Mitarbeiter und seinen Mitarbeitern als weniger männlich erscheinen.« Auch hier wird der Mann also wieder zum Opfer seiner eigenen männlichen Rolle.

Wie immer wir es betrachten, wenden und werten: Letztendlich stellt sich der Mann mit seinem Bild von Männlichkeit selber ein Bein, und auch die Gesellschaft schießt zunehmend Eigentore, da inzwischen die allgemeinen Kosten für Schäden und Defizite traditioneller Männlichkeit wesentlich höher liegen als deren Nutzen.

Nicht umsonst hat der erste Kongreß, der sich 1995 in

London mit dem Thema »Männer und Gesundheit« beschäftigte, die Männer schlicht und einfach als das »kranke Geschlecht« bezeichnet.

—— Die männliche Vereinseitigung

Ethnologische, anthropologische und sozialhistorische Literatur dokumentiert in großer Zahl, daß Frauen und Männer sich in den ersten Jahrtausenden unserer Geschichte charakterlich und in ihrem humanen Potential nicht voneinander unterschieden. Männer zeigten sich damals verantwortlich für das Gemeinwesen, waren Partner der Frauen, kümmerten sich um ihre Kinder, initiierten ihre Söhne und waren so sehr in ihre natürliche Umwelt eingebunden, daß sie bei der Jagd nach Nahrung erlegte Tiere um Verzeihung baten.

Der größte Reichtum der Urgeschichte war die Sicherung des ständig bedrohten Lebens durch neues Leben, und den besaß die Frau. Diese weibliche Reproduktion des Menschengeschlechts wird erst dann zur merkbaren Belastung, da die sozialen Kosten für die Arterhaltung höher werden, als es deren biologische Notwendigkeit noch gebietet. Daraus folgt, daß die kulturelle Leistung des Mannes von Nahrungsbeschaffung und späterem Landbau immer mehr an Bedeutung für die Gemeinschaft gewinnt. Diese Konstellation ist sicherlich der soziale Ausgangspunkt männlicher Vorrangstellung, aber noch keine patriarchale Unterdrückung.

Viele Wissenschaftlerinnen haben in den vergangenen zwanzig Jahren sorgfältig ausgewiesen, daß die ersten Jahrtausende unserer Geschichte von einem ziemlich demokratischen Verhältnis der Geschlechter gekennzeichnet waren.

Männliche Hegemonie bereitet sich erst im mittleren Neolithikum vor und verfestigt sich in der griechischen Antike und im Römischen Reich.

Der Fixpunkt patriarchaler Unterdrückung und der degenerativen Vereinseitigung von Männlichkeit ist wohl im Übergang vom 16. zum 17. Jahrhundert auszumachen. Damals expandierten die Europäer in die weite Welt, entstanden neue Märkte, löste die Naturwissenschaft die Religion ab, machte die Technik einen qualitativen Sprung und überwand die kapitalistische Produktionsweise den Feudalismus.

Damit veränderte sich das Verhältnis – vor allem des Mannes – zur Natur ganz entscheidend und für die Zukunft folgenreich. Wie sieht das im einzelnen aus? »Die Auffassung von der Natur, die im Westen bis zum Vorabend der wissenschaftlichen Revolution vorherrschend war«, so schreibt Morris Bermann, »war die einer verzauberten Welt. ... Steine, Bäume, Flüsse und Wolken wurden alle als wundersam, als lebendig angesehen, und die Menschen fühlten sich in ihrer Umgebung zu Hause. Kurz gesagt, war der Kosmos ein Ort des sich *Zugehörigfühlens*. Ein Mitglied dieses Kosmos war kein entfremdeter Beobachter, sondern nahm direkt an dessen Schauspiel teil. Sein persönliches Schicksal war mit dem Kosmos verknüpft, und diese Beziehung gab seinem Leben Sinn. Diese Art von Bewußtsein ... umfaßt die Verschmelzung oder Identifikation mit der eigenen Umgebung und verrät ein psychisches Ganzsein.«

Dieses organische Lebensgefühl und mit ihm die Theorie von der Welt als Organismus zerbrechen nun. Es entsteht der *Dualismus* von Natur und Kultur, die diesem entsprechende Erkenntnistheorie in den Wissenschaften und die radikale Separation von Betrachter und Betrachtetem, also von Subjekt und Objekt im jeweiligen Erkenntnisprozeß. Damit ist philosophisch nicht nur die Grundlage gelegt für die Höherbewertung der Kultur gegenüber der

Natur, sondern vor allem auch für die schrankenlose Ausbeutung der letzteren. Die amerikanischen Feministinnen Evelyn Fox Keller und Carolyn Merchant haben in ihren jeweiligen Büchern diesen ganz grundsätzlichen Paradigmenwechsel in der Analyse des Werkes von Francis Bacon verfolgt, der seit jeher als Vater der modernen Wissenschaft gefeiert wird. Indem Bacon die Herrschaft über die Natur mit Vernunftdenken, also Rationalität, und mit Technik empfahl, gruppiert er – wie Carolyn Merchant subtil nachweist – menschliche Erfahrung um die neuen Kategorien von Macht und Ordnung. Verkürzt formuliert: Der Mensch, das heißt im 17. Jahrhundert vor allem der Mann, gewinnt Macht, indem er das Irrationale der Natur mittels Technik in rationale Ordnung verwandelt.

Die männliche Dominanz

Dies alles geht einher mit der Disziplinierung der Frau, die spätestens seit der griechischen Antike in Mythologie und Literatur eine ebenso bedrohliche wie verlockende Gestalt der Unordnung ist. Der Reformator Calvin fordert nun, daß der Mann als Hüter der Vernunft das Regiment im ehelichen Leben zu führen und die Frau ihm als »Leib« zur Seite zu stehen habe.

Doch selbst von diesem Leib gingen wohl noch zu viele Gefahren aus. So paßt hier Michel Foucaults Nachweis, wie sehr in dieser Epoche die Sexualität der Frau gezähmt, ein Regelwerk für Quantität und Qualität des Liebesaktes aufgestellt und dem Mann eingeschärft wurde, mit seiner Lust ja sorgsam umzugehen; denn die neue kapitalistische Produktionsweise benötigt den ganzen Mann und dessen ungeteilte Manneskraft. Wer in diesem Kontext als Frau nicht parierte, verbrannte als Hexe auf den Scheiterhaufen dieser Umbruchzeit.

Der männliche Führungsanspruch in weltlichen und geistigen Dingen wird fortan von den Ideologen maskuliner Hegemonie weder geleugnet noch irgendwie verbrämt. In den Werken der Naturwissenschaftler wie Bacon oder Kepler ebenso wie in den Schriften der Reformatoren erscheint das 17. Jahrhundert als die Epoche der Männer; es wird von der Männlichwerdung der Wissenschaft gesprochen, und so wie Vernunft, Technik und Instrumentalität den Männern attestiert werden, so Unvernunft, Chaos, Lust, Gefühl und die nun besiegte Natur den Frauen. Die Folgen dieser nachgerade schizophrenen Trennung für die Männer können erst heute kritisch bedacht werden: Wir begannen damals jene Eigenschaften *abzuspalten*, die unserem immer härteren Kampf um die Beherrschung der Natur nicht förderlich schienen, nämlich Verletzlichkeit, Emotionalität, Hingabe, Fürsorge und Mitgefühl.

Georg Simmel hat darauf hingewiesen, daß die Differenzierung der Welt das Werk von uns Männern ist: »… die *Spezialisierung*, die unsere Berufe und unsere Kultur überhaupt charakterisiert, ist ganz und gar männlichen Wesens. Denn sie ist keineswegs etwas bloß Äußerliches, sondern ist nur möglich durch die tiefste psychologische Eigenart des männlichen Geistes: sich zu einer ganz einseitigen Leistung zuzuspitzen, die von der Gesamtpersönlichkeit differenziert ist, so daß das sachlich-spezialistische Tun und die subjektive Persönlichkeit jedes gleichsam ein Leben für sich leben.« Das ist sicher richtig gesehen, wenn man davon absieht, daß dieses Spezialistentum kein ontologischer Charakterzug des Mannes ist, sondern historisch entstand und sich dann sukzessive verfestigte.

Das Vehikel dieser fatalen Entwicklung ist die *Technik*, mit der der Mann sich faustisch eine *zweite Natur* schafft, deren Geister er dann – ebenso faustisch – nicht mehr zu bannen vermag. Was hier passiert, ist, daß der Mann körperlich, geistig und psychisch seine Ganzheit aufgibt und einen Teil von sich selbst unter die Eigengesetzlichkeit der

Technik stellt. Hier erst ereignet sich die Spaltung, die Simmel generell für das Wesen des Mannes konstatiert, die Spaltung zwischen Mensch und Spezialist, öffentlicher und privater Person, Subjekt und Funktionär.

Der Feminismus korreliert diese Epoche sicher nicht zu Unrecht mit der weiteren und entscheidenden Unterwerfung der Frau. Männliche Optik muß hier indessen auch das Datum für die vereinseitigende Degeneration von Männlichkeit ansetzen. Zum zweiten ist zu ergänzen, daß hier *viele* Männer von nur wenigen Männern unterworfen worden sind. Karl Marx hat im 24. Kapitel des »Kapitals« am Beispiel Englands aufgezeigt, mit wieviel Unrecht, Elend und Gewalt die »Expropriation des Landvolkes von Grund und Boden« erfolgte, um die derart Vertriebenen dann in den Städten mit noch mal soviel Unrecht, Elend und Gewalt in das entstehende Heer der Industriearbeiter einzugliedern.

Michel Foucault spricht in diesem Zusammenhang von der »Disziplinargesellschaft«. Damit ist gemeint, daß jene Männer, die bis dahin als Kleinbauern, Pächter und Landarbeiter den Rhythmus ihrer Arbeits- und Lebensführung selber eingerichtet hatten, nun an das Diktat *maschineller* Regelmäßigkeit gewöhnt werden mußten. Das bedeutete unter anderem: *Zeitplanung* nach Kriterien, die außerhalb der betroffenen Männer lagen; *Körperbeherrschung*, die von der Eigengesetzlichkeit der Maschinentechnik kodiert wird; *Fabrikordnung*, die persönliche Freiheit in der Arbeitszeit aufhebt, *Trennung* von Lebens- und Arbeitsort – mit allen Folgen, die darauf für Geschlechterbeziehungen und Kindererziehung entstehen. Wer sich in diese »Disziplinargesellschaft« als Mann nicht fügt, wird in eigens geschaffenen Arbeitshäusern, Zuchtanstalten und Gefängnissen dazu gezwungen. Damit müssen Männer auf substantielle Eigenschaften ihres bisherigen Lebens verzichten; sie werden ihnen gewaltsam und zum Teil grausam enteignet.

Synchron zur industriellen »Disziplinargesellschaft« entwickelt sich in dieser Epoche auch eine politisch-administrative. Die größeren Menschenmassen, die die Industrie nun an einem Ort zu konzentrieren beginnt, müssen gesteuert und verwaltet werden. Das übernimmt – außerhalb der Fabrik – die *Bürokratie.* Beide haben das gleiche Ziel der kontrollierten Eingliederung des Individuums in einen Lebensrahmen, den es fortan nicht mehr selber bestimmt. Das öffentliche Leben wird jener Gesetzlichkeit von Kalkulation, Präzision und Organisation unterworfen, die das naturwissenschaftliche Denken und das ökonomische Rechnen der Neuzeit bestimmen.

Die Enteignung des Mannes

Wenn wir diesen Gedanken von der Organisationsebene auf die Betroffenen beziehen, so muß das 17. Jahrhundert als ein Kulminationspunkt der Enteignung männlicher Fähigkeiten und Eigenschaften bezeichnet werden. Zunächst pauschal beschrieben, geschieht nun, daß Männer nicht mehr ihr Leben gestalten, sondern fremdbestimmte Funktionen ausüben. Autonomes Handeln stört nicht nur in der »Disziplinargesellschaft«, sondern ist auch der nun standardisierten Leistung abträglich. Indem Leben und Arbeiten sich im Rhythmus der Maschinen orientieren müssen, werden sie selber maschinengemäß. Das bedeutet den zunehmenden Verlust an Unabhängigkeit, Selbstbestimmung, Kreativität, Fähigkeiten der Lebensgestaltung, der Eigenversorgung und des verändernden Eingriffs in die Gestaltung des Gemeinwesens. Die »Disziplinargesellschaft« setzt normativ die *Funktionalität des Verhaltens* oder – anders formuliert – die Unterwerfung des einzelnen unter die sachlichen Erfordernisse des Apparats.

Diese männliche Subordination bleibt nicht folgenlos. So zieht sich die Moral, die bis dahin an die persönliche

Verantwortung des einzelnen gebunden war, vom Individuum zurück und abstrahiert sich in anonymen Organisationen. Der Mann ist nicht mehr Mensch und Subjekt, sondern Experte und Funktionär. Damit weiß er sich auch in seinem Tun und Lassen nicht mehr seinem Gewissen und einem moralischen Imperativ verpflichtet, sondern der Gesetzlichkeit seiner Organisation, ob diese nun Fabrik, Büro, Staat oder was auch immer ist. Die Pflicht ersetzt die Verantwortung. Ändern sich Zeiten und Strukturen, will denn auch niemand für das Vergangene einstehen. Ob Faschismus oder real existierender Sozialismus: die Hunderttausende, die emsig an deren Funktionieren gebaut und gewirkt haben, wälzen ihre Schuld in einem Fall auf den Führer und die Partei und im anderen auf den Staatsratsvorsitzenden und die Partei ab. Solche politische wie vor allem innerpsychische Delegation rechtfertigt die eigenen Sauereien, Fehler, Verstöße und das feige Mittun. Das heißt, daß »Mann« seine Tätigkeit ausübt, ohne noch über deren Wohl und Wehe nachzudenken; daß er Sinn und Verantwortung seiner Arbeit an seinen Arbeits- und Auftraggeber delegiert; daß er ohne Ethos handelt. Das heißt, daß »Mann« nur noch reagiert; daß er sich selber als bloßer Befehlsempfänger empfindet; daß er sich nur noch von der Organisation her definiert; daß er außengesteuert ist und daß er sich damit als Person aufgegeben hat.

Der unverwechselbare Persönlichkeitsmann ist zum jederzeit austauschbaren *Organisationsmann* geworden: William H. Whyte zeigt in »The Organization Man«, wie das männliche Prinzip von Autonomie, Initiative und Schöpfertum systematisch nivelliert wird und im selbstlosen Rollenträger der Organisation endet. Der Eroberer der Welt ist zum »Robotermann« geworden.

Die amerikanische Männerforschung weist in diesem Argumentationszusammenhang auf die wichtige Bedeutung der Technik hin, die die Entmännlichung des Mannes gefördert habe. Hier werden – meistens allerdings ohne direkten Bezug – Gedanken aufgenommen, die die deutsche Kulturkritik seit den zwanziger Jahren formuliert hat und die etwa bei Hans Freyer oder Joachim Bodamer ausdrücklich auch auf die Entwicklung von Männlichkeit reflektiert wurde. Gemeint ist damit, daß der Mann mit der Erfindung und vor allem der Raffinierung technischer Mittel ureigene Qualitäten wie Kraft, Autonomie und Schöpfertum verloren habe. Präziser noch: Der Mann hat diese Eigenschaften quasi an technische Geräte abgegeben und sich mit solcher Delegation unter die besondere Gesetzlichkeit der Technik gestellt. Dieser Vorgang beinhaltet demnach ebenso einen männlichen Enteignungs- wie einen Unterwerfungsakt.

Zur Ironie der Geschichte mag zählen, daß der Mann mit der Erfindung *seiner* Technik zumindest potentiell auch die Mittel bereitstellt, sich selber überflüssig zu machen. Wohl am deutlichsten und auch am makabersten dokumentieren das die künstliche Befruchtung und die Perspektiven der Gentechnologie, mit denen sich der Mann als Erzeuger selbst abzuschaffen droht. Doch auch andernorts sind solche Entwicklungen beobachtbar. So setzt das von Männern elaborierte Industriesystem zunehmend Männer von Arbeit frei. In wachsendem Maße werden Männer arbeitslos. Überdies sind Millionen von Männern, die als Teilzeitarbeiter oder ABM-Kräfte beschäftigt sind, in unsicheren, partiellen und zeitlich befristeten Arbeitsverhältnissen. Doch auch viele, die noch gesichert über Arbeit verfügen, können sich seit längerem nicht mehr mit Form und Inhalt ihrer Tätigkeit identifizieren. Die Technisierung des Arbeitsprozesses – zum Beispiel am Fließband – hat der Arbeit die meisten ihrer persönlichen, schöpferischen und beglückenden Aspekte genommen. Schon Ende der fünfziger Jahre hat Alexander Mitscherlich in seinem Buch »Die vaterlose Gesellschaft« darauf hingewiesen, daß der Mann unter einer Arbeit leidet, die es ihm nicht mehr erlaubt, »seine eigene persönliche Fähigkeit, sein individuelles Talent, Geschick und Ausdrucksbedürfnis in ihr unterzubringen«, sondern im Gegenteil ein Dauergefühl von Enttäuschung und Frustration schafft. Der Mann ist »leidend in ein Tun verstrickt, das sich als unzulänglich für seine Gestaltungs- und Ausdrucksbedürfnisse erweist«. Das ist in unseren Tagen unzweifelhaft männliches Durchschnittsschicksal. Damit versiegt aber die wichtigste Quelle männlichen Selbstwertgefühls, männlichen Selbstverständnisses und – letztendlich – männlicher Identität; denn der Mann hat sich schon immer über seine Tätigkeit und seinen Beruf definiert.

Die Technisierung der Arbeitswelt hat des weiteren den Anspruch der Männer auf Arbeitsbereiche hinfällig werden lassen, die ihnen aufgrund ihrer größeren Körper und Muskelkraft quasi natürlicherweise zustanden. Wo Maschinen solche biologische Bevorteilung ersetzen, ist auch das Privileg des Mannes auf derlei Arbeitsbereiche aufgehoben. Umgekehrt gibt es inzwischen Sektoren moderner Technik, in denen Frauen sogar Männern vorgezogen werden, weil sie aufgrund ihrer Sozialisation Eigenschaften wie Einfühlung oder Flexibilität erwerben konnten, die Männer offenbar nur schwer aufzubringen vermögen.

Die Unterwerfung unter den Apparat

Die erzwungene Ergebenheit gegenüber dem Apparat bedingt eine Einseitigkeit des männlichen Lebensentwurfs und damit – auf der Ideologieebene – auch des männlichen Prinzips. Die historische Enteignung von Männlichkeit um ihre Dimension von Verantwortung, Verständnis und Nächstenliebe reduziert das männliche Prinzip auf Stärke, Grenzüberschreitung, Willenskraft, Hingabe an eine Aufgabe und Härte gegen sich selbst.

Die männliche Separation von Verantwortung, Fürsorge und Autonomie zugunsten des Apparats relativiert diese

Werte generell, setzt sie in fatale Beziehung zu Herrschaftssystemen und bewirkt, daß heute ein Verbrecher morgen ein Widerstandskämpfer ist, gestern ein Staatsratsvorsitzender heute ein Verbrecher, heute ein Präsident gestern ein inhaftierter Literat.

Kehren wir zur geschichtlichen Entwicklung zurück: Während in der Agrargesellschaft Frauen und Männer noch zusammenarbeiten, trennt die industrielle Revolution zum erstenmal in der Geschichte ganz entschieden Produktion und Reproduktion, Öffentlichkeit und Privatheit, gesellschaftlichen und häuslichen Lebenshorizont. Familie und Arbeit werden sowohl topographisch als auch geschlechtsspezifisch rigide auseinandergeschoben. Auch wenn diese Entwicklung zunächst nur die Ober- und Mittelschicht betrifft, während Arbeiterfrauen und -kinder für die industrielle Schmutzarbeit unverzichtbar sind, wird die Leistung der Frau gesellschaftlich nicht mehr anerkannt. Die Frau ist in der bürgerlichen Gesellschaft Hausfrau und ihre Arbeit im wesentlichen Hausarbeit. Dementsprechend erfolgen jetzt mit aller Deutlichkeit die Zuschreibungen an die Frau als gefühlvolle Hüterin des Heims und an den Mann als willensstarken Herrscher der Außenwelt. Für die Entwicklung von Männlichkeit ist damit verbunden, daß der Mann seine Gefühlsqualitäten abspaltet und sich auf Vernunft, Leistung und Herrschaft zu konzentrieren hat.

Diese historisch erzwungene Abspaltung der genannten Eigenschaften und anderer hat der so enteignete Mann auf doppelte Weise an die Frau »weitergegeben«. Zum einen wurden sie zu weiblichen Attributen umdefiniert, zum zweiten nach dieser einseitigen Delegation von der Frau auch eingefordert als ganz konkrete »Beziehungsarbeit«, Pflege, Fürsorge, Hausarbeit und Erotik zugunsten des Mannes.

Delegation ist jedoch auch immer Machtverlust und auf der anderen Seite Machtgewinn für jene, an die delegiert wird. Was von der Frau als repressive Vereinseitigung ihrer

Fähigkeiten empfunden wird, erlebt der emotional enteignete Mann als weibliche Stärke, von der er in der arbeitsteiligen Gesellschaft vital abhängig ist.

Das Männlichkeitssyndrom von Macht, Kontrolle, Konkurrenz, Härte und Leistung unterdrückt nicht nur Frauen und Kinder, sondern wendet sich auch gegen deren Träger selber. Elisabeth Beck-Gernsheim bemerkt, daß der Erfolg im Beruf einen »Verlust an Sensibilität, an persönlicher Betroffenheit und sozialem Engagement« geradezu impliziert.

Solches beschränkt sich indessen nicht auf die Berufswelt. Das Männlichkeitssyndrom mit seinem Leistungswahn ist sozialisatorisch dermaßen verinnerlicht, daß wir Männer auch Freizeitvergnügen wie Sport, Autofahren oder Alkoholkonsum danach ausrichten und selbst unsere Sexualität dementsprechend messen. Das vereinseitigte männliche Prinzip erweist sich so als Bürde für den Mann selbst; es schließt ihn in einen Panzer ein, der Isolation, Entfremdung, Genußunfähigkeit und Krankheit bedeutet. Männliche Herrschaft ist also auch männliche Selbstbeherrschung, oder anders ausgedrückt: Herrschaft über das eigene Leben, indem dieses unter das vergewaltigende Prinzip von Machtausübung, Härte, Kontrolle und Abstraktion gestellt wird. Das bedeutet lustfeindliche Einschränkung, Verzicht auf Vielfalt und Selbstentwicklung, alltäglicher Kampf gegen eigene Wünsche und Bedürfnisse, Exorzismus des »inneren Schweinehundes«, der in Wirklichkeit das Humanum des Mannes darstellt und den die Mächtigen von Armee, Wirtschaft und Politik genau deshalb ausgetrieben sehen wollen.

Die männliche Vereinseitigung hat sich in die gesellschaftliche Struktur und Weltordnung festgesetzt; sie bestimmt – wenn auch nicht unbedingt direkt und bewußt – unsere Institutionen, Beziehungen und Charaktere. »Halten wir also fest«, schreibt Joachim Bodamer, »daß unsere heutige Welt, die immer schärfer und unerbittlicher auf vollendete Mechanität und Rationalisierung hintendiert, eine ausgeprägte *männliche* Welt ist. Sie drückt das Aktive und Willensmäßige, die Neigung zur Grenzüberschreitung, zum Geplanten und Abstrakten, zum Okkupieren, Nutzbarmachen und Unterdrücken in ihrer aktuellen Physiognomie zu eindeutig aus; sie ist einseitig und einheitlich geworden im Sinne des männlichen Denkens und Wollens, das keine Geheimnisse anerkennt, keine Lebensrätsel duldet, jede Wildnis rodet und alles übersichtlich und erklärbar haben will.«

Männlichkeit ist also nicht bloß traditionelles Männerideal, Geschlechterrolle und Ideologie; sie ist geronnene, versteinerte Gesellschaftlichkeit, und sie ist verinnerlichte Norm, an der sich Männer wie Frauen orientieren.

—— Der Weg zum Mann

So ist Männlichkeit historisch zusammengewachsen mit dem Bild eines Homo faber, der von unserem geschichtlichen Anfang an Kultur gestaltet, Zivilisation aufgebaut, der uns materiellen Fortschritt, Wohlstand, höhere Lebenserwartung und Sicherheit gebracht hat, ein Macher also, der kein Risiko scheut und jeder Gefahr mutig entgegentritt, der Herausforderungen als selbstverständlich annimmt und die äußere Welt mit seiner Leistung prägt.

Ein solches Eigenschaftsprofil bedarf sorgsamer Vorbereitung. Männlichkeit – so wußte es schon der große Berliner Soziologe Georg Simmel um die Jahrhundertwende – ist kein Sein, sondern ein Tun. Damit ist Männlichkeit sozusagen mit Leistung identisch. Der Mann kann nicht einfach sein und über sein Sein empfangen, sonst bliebe er ein Nichts. Wir Männer müssen uns tuend und schaffend bewähren.

James M. O'Neil, der in den USA Hunderte von Untersuchungen über den männlichen Erziehungsprozeß zusammengefaßt hat, kommt zu folgendem Ergebnis: »Männer werden sozialisiert, um wettbewerbsbetont, leistungsorientiert, kompetent zu sein. ... Männer glauben, daß persönliches Glück und Sicherheit von harter Arbeit, Erfolg und Leistung abhängig sind.« Achtjährige Jungen haben diese Leistungsmaxime von Männlichkeit bereits begriffen und schon verinnerlicht. Sie wissen, daß sie kämpfen müssen, sich anstrengen, arbeiten und daß sie nicht schwach und passiv sein dürfen, wenn sie Männer werden wollen, die sie werden müssen. Das männliche Sozialisationssyndrom besteht nur folgerichtig aus Leistung, Härte, Distanz, Gehorsam, Kampf und Gewalt.[5]

Die New Yorker Wissenschaftler Robert Brannon und Deborah David haben das männliche Leitbild mit Humor und der lapidaren Treffsicherheit der Amerikaner auf die vierteilige Kurzformel »no sissy stuff«, »the big wheel«, »the sturdy oak« und »giv'em hell« gebracht.

Damit ist gemeint:

»No sissy stuff«: Der Knabe und spätere Mann muß alles vermeiden, was auch nur den Anschein des Mädchenhaften, Weichen und Weiblichen hat. Seine männliche Identität erreicht er nur in klarer Absetzung vom anderen Geschlecht.

»The big wheel«: Der Knabe und spätere Mann muß erfolgreich sein. Erfolg stellt sich ein über Leistung, Konkurrenz und Kampf. Erfolg garantiert Position, Status und Statussymbole. Nur wer Erfolg hat, ist ein richtiger Mann.

»The sturdy oak«: Der Knabe und spätere Mann muß wie eine Eiche im Leben verwurzelt sein. Er muß seinen Mann stehen, hart, zäh, unerschütterlich, jedem Sturme trotzend, sich immer wieder aufrichtend, unbesiegbar.

»Giv'em hell«: Der Knabe und spätere Mann ist wie ein Pionier im Wilden Westen oder ein Held auf dem Baseball-Feld. Er wagt alles, setzt sich ein, ist aggressiv, mutig, heftig und wild; er ist der »winner«, der Sieger.

5 Vgl. dazu ausführlich meinen repräsentativen Überblick über Erziehung und Sozialisation des Knaben zum Manne. In: Walter Hollstein: Nicht Herrscher, aber kräftig«, a. a. O., S. 137 ff.

Der abwesende Vater

Die Auflösung der agrarischen Gesellschaft und der Beginn unseres industriellen Zeitalters haben nicht nur Stellung und Beziehung der beiden Geschlechter tangiert, sondern auch ganz stark die Erziehungsbedingungen. In der bäuerlichen Großfamilie war die Einheit von Lebens- und Arbeitsort eine alltägliche Selbstverständlichkeit. Das bedeutete für die Kinder den nahezu ständigen Umgang mit Vater und Mutter, die Präsenz beider Geschlechter als Vorbilder und Identifikationsobjekte, die Integration in die elterliche Arbeitswelt, die sinnlich konkret und nachahmbar erfahren werden konnte.

Diese Realitäten von Erziehen und Aufwachsen verblassen in der Industriegesellschaft immer mehr, bis sie sehr rasch sogar ganz verschwinden. Die ländliche Großfamilie löst sich in die städtische Kleinfamilie auf; Großeltern, Tanten, Onkel, Cousinen und Cousins werden zu entfernten Menschen wie auch Bedienstete, Mägde und Knechte in noch deutlicherem Maße. Die Kinderzahl nimmt ab; es entsteht die Kernfamilie mit Vater, Mutter und zumeist nur einem Kind, und mittlerweile ist sogar die Dyade von einem Kind und einem alleinerziehenden Elternteil zur massenhaften Wirklichkeit in der Bundesrepublik geworden. Lebensort und Arbeitsstätte sind nun schon längst weit auseinander.

Was bedeutet das für die Söhne? Sie werden nicht mehr von ihren Eltern, insbesondere ihren Vätern in Arbeit und Lernen eingewiesen. Schlimmer noch: Da der Vater seiner Tätigkeit außerhalb des Hauses nachgeht, wird diese für den Sohn zu einem Abstraktum. Der Sohn sieht nicht, was sein Vater tut, wie er es tut und weiß häufig nicht einmal, was er überhaupt tut. Damit erlischt die so wichtige Sozialisationsbedingung des identifizierenden Sehens und Lernens. Je weiter sich die industrielle Arbeitsteilung und Spezialisierung entwickelt, desto mehr wächst auch die Unmöglichkeit für den Vater, seinem Sohn wenigstens noch annähernd mitzuteilen, was er sich wie erwirtschaftet und was sein Tagwerk inhaltlich bedeutet.

Damit bricht mit dem Ende der bäuerlichen Gesellschaft – und das ist noch viel zu wenig bedacht worden – eine jahrtausendlange Tradition zusammen, das kulturelle Erbe von Generation zu Generation direkt und konkret weiterzugeben. An die Stelle des Vaters treten Lehrer, die fast ausschließlich Frauen sind, des weiteren Lehrmeister, Bücher und später die Massenmedien. Alexander Mitscherlich notiert dazu: »Die Identität ist für das Kind schwierig zu finden, weil es zuviel seinen Phantasien über den Vater überlassen bleibt, statt ihn in einer Welt erfahren zu können, in der es ihn durch Mittätigkeit kennenlernt. Für den Jugendlichen in der Identitätskrise der Pubertät wiederholt sich diese Verlassenheit. Er kann seine Identität nicht leicht in Rollen finden, die schon der Vater oder die Vorväter innehatten, sondern muß sich in einer Berufsvielfalt, die er kaum überschaut und keinesfalls aus eigener Kindheitserfahrung kennt, orientieren und entscheiden.«

Die räumliche, geistige und emotionale Entfernung des Vaters in der Industriegesellschaft wird durch die wachsende Bedeutung und Nähe der Mutter aufgewogen, ohne daß dies natürlich eine wirkliche Kompensation darstellen kann. Nun ist die Wirklichkeit der Mutter für uns schon immer enorm: Sie hat uns das Leben geschenkt; sie ernährt uns; sie ist uns Garant für unsere Überlebensfähigkeit; sie schenkt und vermittelt uns jenes Urvertrauen, das uns überhaupt in der Welt bestehen läßt. Diese existentielle Bedeutung der Mutter potenziert sich durch eine Präsenz, die eben gleichzeitig Absenz des Vaters ist. Damit lernt der Junge Lebens-, Welt- und Gesellschaftserfahrungen im wesentlichen über seine Mutter. Die Mutter wird zu seinem wichtigsten Identifikationsobjekt.

Das Mutter-Sohn-Verhältnis erhält aber dadurch einen schmerzhaften Knick, daß die Mutter zu einem bestimmten

Zeitpunkt beginnen muß, ihren Jungen zum Mann zu erziehen. Das heißt konkret: Die allseits Umsorgende und Liebende wird plötzlich zur Fordernden und verlangt zudem noch Eigenschaften wie Härte, Konkurrenzverhalten und Distanz, die sie ihrem Sohn gegenüber doch niemals gezeigt hat. Diese mütterliche Widersprüchlichkeit, welche unsere Gesellschaft in ihrer gegenwärtigen Verfaßtheit fordert, wirkt für jeden Sohn nachgerade traumatisch. Der Junge verübelt dieses »doublebind« denn auch seiner Mutter lebenslang, und nicht nur das: Er projiziert es unbewußt auf alle Frauen, mit denen er als Mann zu tun hat.

Die ambivalente Mutter

Die Entwicklung zur Männlichkeit verlangt vom Sohn eine Trennung von der Mutter als seinem ersten existentiellen Liebesobjekt: Er muß Mann werden, und das setzt die Separation von der Mutter nachgerade voraus. Dieser Prozeß ist nicht nur – wie vorher angedeutet – traumatisch; er ist auch kompliziert und ambivalent. Der kleine Junge hält sich mit und aufgrund seiner Mutter in einem Dorado von Geborgenheit, Sicherheit, Nähe und Wärme auf. Seine Mutter ist die Welt für ihn; er ist vital abhängig von ihr.

Diese grundsätzliche Konstellation verstärkt sich in der Industriegesellschaft noch durch die Arbeitsteilung, die die Frau ins Haus zwingt. Mit ihrem Monopol über die Erziehung monopolisiert die Mutter auch ihren Sohn. Um ihre Aktivitätsfelder in der Außenwelt gebracht, konzentriert die Frau Energien, Kräfte und Gedanken auf ihre Erziehungsaufgaben. Es entsteht eine enge Beziehung zwischen Mutter und Sohn. Das ist an sich schon problematisch, wird aber noch viel problematischer dadurch, daß diese Symbiose von Mutter und Sohn zerbrochen werden muß, wenn der Sohn sich zum (heterosexuellen) Mann entwickeln will. Indem der Junge sich von seiner Mutter absetzen muß, ist er auch gezwungen, jene Liebe, Abhängigkeit und Nähe, die er mit der Figur der Mutter natürlicherweise verbindet, zu relativieren. Was vordem Genuß war, wird nun nahezu zum Tabu. Der Tiefenpsychologe Lutz Müller notiert dazu: »Das, was er an wesentlichen menschlichen Eigenschaften und Gefühlen in der Beziehung zur Mutter erfährt, also beispielsweise seine Körperlichkeit, seine Sinnlichkeit, seine Liebesfähigkeit, sein Zärtlichkeitsbedürfnis, seine Einfühlung, sein Bedürfnis nach Beziehung, nach Einheit und Verschmelzung mit einem anderen Menschen (im Symbolbild der weiblichen Brüste drückt sich für den Mann viel von diesen Sehnsüchten aus, deshalb ist er häufig so stark von ihnen fasziniert), muß er zugunsten von teilweise unechten »männlichen« Werten opfern, weil eben diese zentralen menschlichen, mannweiblichen Eigenschaften der Ur-Beziehung mit nur einer Person, nämlich der Mutter, verbunden sind. Stände ihm beispielsweise in den ersten Lebensmonaten und -jahren der Vater im ausreichenden Maße als zweite Bezugsperson zur Verfügung, könnte er diese elementaren Gefühle auch mit ihm verbinden und müßte sie in seiner Identitätsbildung nicht als ›weiblich‹ und ›männlich‹ abspalten. Häufig aber wird er dagegen von einer Mutter, die ihren Sohn als anders und fremdartig erlebt, und einem fernen, ungreifbaren Vater, der seine eigene Not der Selbstentfremdung nicht spürt, zu früh in eine ›männliche‹ Autonomie und Eigenständigkeit hineingetrieben. Er vermag dann nur ein fassadenhaftes Not-Ich aufzubauen, das sich panzern muß, um nicht immer wieder von der Gefahr der Auflösung durch ursprünglichste menschliche Gefühle und Bedürfnisse bedroht zu werden.«

Der Junge muß nun diese zentrale Abhängigkeit von seiner Mutter drastisch verleugnen, aufgeben; er muß seine beginnende Männlichkeit als Nicht-Weiblichkeit verstehen lernen. Tatsächlich definieren wir Männer unsere Geschlechtsidentität im Gegensatz zu den Frauen negativ:

männlich ist, was nicht weiblich ist. Das gelingt nur, indem die Erinnerung an das Weibliche der Mutter verdrängt wird, häufig genug auch mit Gefühlen der Ablehnung und des Hasses besetzt wird. In jedem Fall entwickelt sich eine starke, wenn auch zumeist latente Angst vor dem Rückfall in die Symbiose und damit vor einer zweiten traumatischen Verstoßung aus dem Paradies. Gleichzeitig bleibt aber auch eine Sehnsucht nach der Dyade mit der MutterFrau. In dieser schwierigen, in vielen Fällen furchtbaren Ambivalenz lavieren wir Männer lebenslang.

Hinzu kommen archaische Männerängste vor der Frau, deren Zeugnis wir überall in der Kulturgeschichte finden: Es ist die Angst vor ihrer stärkeren Verbundenheit mit der Natur, vor ihrer Unberechenheit und Irrationalität, vor ihren tiefen Geheimnissen, vor ihrer Gebärfähigkeit und Macht über das neue Leben, vor ihrer sexuellen Kraft und ihrem Abenteuer, vor ihrem Körper und vor ihrem offenen Blut. Es ist das Wissen um die eigene männliche Unvollkommenheit und die Angst, dieses Defizit immer wieder durch vielfältige Anstrengung kompensieren zu müssen. Und es ist vor allem die Angst, in die eigene, von der Mutter vorgelebte Weiblichkeit zurückzufallen. Das erklärt den weltweiten Männlichkeitswahn und die damit verbundene Angst vor Schwäche, Nachgeben, Niederlage und Passivität.

Männlichkeitsmaschinen

Männlichkeit ist erkauft durch den Verzicht auf weibliche Eigenschaften. Die Definition von Männlichkeit bedingt die Distanz zur Weiblichkeit und verlangt dementsprechend, was gesamtgesellschaftlich als nicht weiblich gilt: Kontrolle, Härte, Unerschütterlichkeit, Wettbewerb, Leistung und Herrschaft. In diesem Zusammenhang ist das Bild von der Männlichkeitsmaschine geprägt worden. Der

Mann als Männlichkeitsmaschine ist, wie Maschinen das so an sich haben, ausschließlich funktional: Er macht das, was von ihm erwartet wird; er stellt öffentliche Notwendigkeiten vor seine persönlichen Bedürfnisse und dementsprechend letztere ständig zurück. Der Mann als Männlichkeitsmaschine ist dafür »konstruiert«, konsequent zu arbeiten, Leistung effizient zu erbringen, objektive Schwierigkeiten zu überwinden, alle Probleme zu lösen, jede Aufgabe willensstark anzugehen und richtig zu erledigen. Sieg ist der Männlichkeitsmaschine alles – darauf ist sie programmiert; Niederlagen darf und will sie nicht kennen. Solches drückt sich heute am deutlichsten im Profisport aus. Eine Männlichkeitsmaschine heißt zum Beispiel Christoph Daum. Der Fußballtrainer äußert sich am 22. Februar 1990 in der Illustrierten »Stern«: Wenn ein Mann sich behaupten will, so verkündet Daum, muß er »einstecken können«.

Wer auf die Schnauze fällt – so erfahren wir –, hat sich ganz schnell wieder hochzurappeln. »Ich habe das akzeptiert und ausgebaut.« Dementsprechend hat er sich auch »ein ziemlich dickes Fell zugelegt«. »Denn wenn Sie in unserem Bereich Gefühle zeigen, wenn Sie zugeben, daß Ihnen dieses oder jenes nahegeht, dann werden Sie schnell als Schwächling dargestellt. Das geht ruck, zuck, dann heißt es: Daum gibt auf. Daum wirft sich Fehler vor. Also geb' ich keinen Fehler zu.« Nur konsequent, definiert er sich als überaus ehrgeizig. Auf die Reporterfrage, wo er sich auf einer Zehnerskala von Ehrgeiz einstufen würde, antwortet er: »Elf.« Wozu braucht er soviel Erfolg? »Um vor mir selbst bestehen zu können. Das ist wie eine Droge. Wenn ich keinen Erfolg habe, dann geht es mir nicht gut.« »Mit ganz normaler Anerkennung« käme er nicht klar. »Nein, ich muß einer der Besten sein, das ist mein Ziel.«

Rund zehn Jahre später äußert sich Ottmar Hitzfeld, inzwischen Cheftrainer von Bayern München, ähnlich (Der Tagesspiegel 9. 8. 1998): »Ich bin ein Typ, der immer Meister sein will. Mit Bayern kann man nicht nur Meister werden, man muß es.«

Die amerikanische Männerforschung weist aus, daß heute gerade jene Männer, die noch immer das traditionelle Erwartungsprofil von Erfolg, Ehrgeiz, Unverletzlichkeit und Panzerung zu leben versuchen, die allerkränksten sind. Da sich diese Männlichkeitsmaschinen des weiblichen Prinzips völlig entledigt haben und von daher keine Innerlichkeit mehr besitzen, sind sie zur Organisationsschraube verkommen. Freilich machen auch viele aus solcher Veränderung noch eine »Tugend«, indem sie sich zum Beispiel selber als tolle Einzelkämpfer feiern.

In der Tat kann sich der innerlich entleerte Mann nur noch an der Macht berauschen, ob sie sich nun über ein Volk, elf Fußballkicker oder Frau und Kinder »erstreckt«. Erhellend ist in diesem Zusammenhang der erforschte Tatbestand, demzufolge gerade äußerlich erfolgreiche Männer sich ihrer Männlichkeit am wenigsten sicher fühlen; die Wissenschaft spricht in diesem Kontext von »Pseudomaskulinität«.

Volker Elis Pilgrim hat beschrieben, wie die ambivalente Mutterbindung in einem Mann die Machtanfälligkeit entwickeln und seine Neigungen für Gewalttaten festlegen kann. Hitler, Mussolini, Franco, Stalin, Himmler, Göbbels, Mengele und Co. wuchsen auf in engster Beziehung zu ihren Müttern und hatten nichtssagende, manchmal brutale oder seelisch verkrüppelte, oftmals absente Väter, waren Muttersöhnchen durch und durch und kompensierten dieses Schicksal, indem sie ganze Völker beherrschten, unterdrückten und vernichteten.

Die Antwort auf nicht gelungene Männlichkeit, auf die nicht angetretene Heldenfahrt, ist die Überkompensation von Männlichkeit. Solche Männer versuchen sich aus ihrer Verunsicherung zu retten, indem sie mit Gewalt, Vergewaltigung, Brutalität und Angeberei sich besonders männlich geben. Sie überreagieren, weil ihnen echte Männlichkeit nie gelungen ist. Deshalb werden sie zu allgemein gefährlichen Pseudomännern.

Dort, wo Männlichkeit nur fassadenhaft ausgebildet ist, nur Pose bleibt, kann auch nicht die Beziehung zur erwachsenen Frau gelingen. Männer mit brüchiger Männlichkeit haben extreme Ängste. Sie versagen in Beziehungen emotional und sexuell, sind impotent, und werden in ihren schlimmsten Exemplaren zu Vergewaltigern, Pornographen und Kinderschändern, weil sie nie gelernt haben, der erwachsenen Frau auf erwachsene Art zu begegnen. Nur sichere Männer können sich diesem Abenteuer stellen.

Der »empirische« Mann

Männer müssen sich verändern, weil neue gesellschaftliche Bedingungen sie dazu zwingen. Die traditionelle Männlichkeit von Herrschaft, Stärke, Unerschütterlichkeit, Wettbewerb und Kontrolle wird heutzutage mehr und mehr in Frage gestellt – von den Frauen, aber zunehmend auch von Männern selbst. Auf der anderen Seite gibt es noch kein neues Bild von Männlichkeit, das für uns Männer verbindlich wäre. So ist denn gegenwärtig männliche Identität angekratzt, erschüttert, ja zerborsten.

Empirische Untersuchungen belegen die zunehmende Verunsicherung der Männer. Bewiesen ist, daß immer mehr Männer als Folge ihrer verletzten Identität nun Ärzte, Psychologen und Therapeuten aufsuchen. Die vorliegende Literatur bezeichnet die Anzahl jener Männer, die in den vergangenen Jahren in Sexualberatung und -behandlung gegangen sind als »dramatisch«. Männergruppen, in denen verstörte Männer ihre Probleme untereinander aufzuarbeiten versuchen, entstehen in der industrialisierten Welt allüberall.

Der renommierte amerikanische Männerforscher James A. Doyle konstatiert bündig: »Mehr und mehr Männer sind auf der Suche nach etwas, das sie verloren haben.« Gemeint ist ein klares Bewußtsein ihrer Männlichkeit. Wie jede Suchbewegung ist natürlich auch diese von uns Männern nicht nur Verlust, Aufgabe, Knacks und Einbuße. Sie ist nicht nur negativ, sondern auch durchaus positiv, indem sie Chance,

Abenteuer, Hoffnung, Veränderung und Erneuerung sein kann. Auch davon legen die vorhandenen Bücher und Untersuchungen zum Teil Zeugnis ab. Der sukzessive Zusammenbruch traditioneller Männerrollen bringt uns Möglichkeiten, weniger eingebunden, fixiert, gepanzert und rigid zu sein; er läßt uns nicht nur farbige Hosen tragen und auf die Krawatte verzichten, sondern führt uns auch zu mehr Nachsichtigkeit, Hingabe und Verantwortung. Männer beschäftigen sich mehr mit sich selbst, werden introspektiver und lernen sich besser kennen. Sie entwickeln ein konstruktiveres Verhältnis zu Frauen, ihren Kindern und anderen Männer. Sie beginnen Fehler einzusehen und Defizite aufzuholen. Viele von uns merken, daß es neben Beruf und Karriere noch anderes gibt, und nicht wenige schätzen dieses andere inzwischen sogar höher ein. Sicher suchen wir gegenwärtig noch vergebens nach den neuen Männern; aber wir finden zunehmend solche, die sich auf den Weg gemacht haben, sich zu verändern.

Lassen sich solche Aussagen genauer bestimmen? Sind sie aus dem Dunstkreis der Spekulation herauszuholen? Wie sehen sich die Männer heute selbst? Wo liegen ihre Probleme? Wie ist ihr Frauenbild? Wie gehen sie mit ihren Kindern um? Was investieren sie an Zeit und Energie bei der Hausarbeit? Sind Männer bessere Partner der Frauen geworden? Stimmen die Vorwürfe der Feministinnen, oder stimmen sie eher nicht? Welche Perspektiven sehen Männer für sich selbst? Diese Fragen lassen sich anhand verschiedener empirischer Männeruntersuchungen beantworten, wie sie seit 1975 in der Bundesrepublik Deutschland gemacht worden sind.

Die Pross-Untersuchung

1975 führte die Soziologin Helge Pross mit ihrem Arbeitsteam »eine repräsentative Untersuchung über die Selbstbilder von Männern und ihre Bilder von der Frau« durch. Pross konstatiert dabei zunächst, daß Familie und Beruf die zentralen Lebensbereiche des modernen deutschen Mannes darstellen. »Sie haben andere, einstmals ebenfalls ausfüllende Aktivitäten und Kontakte wie die zur Kirche, zur Gemeinde, zum Club, zum Bund, zum Freundeskreis, zur Berufsvereinigung, zu sonstigen Zirkeln oder geselligen Verbindungen absorbiert.« Vorrangig im männlichen Leben ist die Familie; erst dann folgt der Beruf. Bei der Bewertung der männlichen Erwerbstätigkeit halten sich positive und negative Tendenzen in etwa die Waage. Fast die Hälfte der Befragten würde sich bei einer neuerlichen Wahlmöglichkeit für eine gänzlich andere Tätigkeit entscheiden; das berufliche Unzufriedenheitspotential ist also groß. »Mag der Beruf auch ambivalent, teils befriedigend, teils belastend sein – aus der Sicht der meisten Männer ist er einfach eine Selbstverständlichkeit. Die männliche Berufsrolle steht nicht zur Disposition, Alternativen zu ihr werden nicht gesucht.« Der Beruf – ob geliebt oder nicht – ist also fester Bestandteil des männlichen Selbstverständnisses und damit der eigenen Geschlechtsrolle.

Wie sehen Männer umgekehrt die *Berufsrolle der Frau?* »Von der großen Mehrheit der Männer wird die weibliche Berufstätigkeit positiv beurteilt – solange man sie isoliert betrachtet und nicht in einen Zusammenhang mit den der Frau zugeschriebenen Familienaufgaben bringt.« Männliche und weibliche Erwerbstätigkeit wird allerdings von den Männern hierarchiert; dem männlichen Geschlecht werden die anspruchsvollen Berufe zugewiesen und damit auch die sozial übergeordneten.

Zu den positiven Veränderungen gehört, daß die »Führungsfähigkeit der Frau in der Politik« anerkannt wird. Je näher die Gleichberechtigung der Frau oder sogar eine weibliche Führungsrolle an die eigene männliche Wirklichkeit rückt, desto vorsichtiger und distanzierter werden allerdings die Männer gegenüber ihren theoretischen Aussagen: »Eine Mehrheit will keine Ehe oder Partnerschaft, in der die Frau mehr verdient und eine höhere berufliche Position einnimmt als der Mann. Die Mehrheit würde mit Verletzung des Selbstbewußtseins und mit Schuldgefühlen, vor allem aber mit dem Versuch reagieren, diese Situation zu ändern. Eine Minderheit hätte freilich keine Bedenken. Ihr würde es nichts ausmachen, in einer derartigen Konstellation zu leben. Einige Männer würden sich sogar entlastet fühlen. Ihre Zahl ist aber nicht hoch.« Eine Mehrheit ist bereit, Frauen als Vorgesetzte anzuerkennen. »In der Minderheit, die weibliche Vorgesetzte offen ablehnt, überwiegen Männer aus der Grundschicht. Umgekehrt heißt das, daß Männer der Mittelschichten eher Bereitschaft zur Anerkennung bekunden.«

Die *Ehe* wird von den befragten Männern prinzipiell bejaht. Die Frau ist ihnen die wichtigste Vertrauensperson. Der Kinderwunsch ist heutzutage für Männer sekundär; er steht eindeutig hinter der Sehnsucht nach »Gefährtenschaft« zurück. Die Zufriedenheit mit der eigenen Ehe ist beträchtlich. »Die Gefährtenehe ist zwar nicht wie die Ehe des älteren patriarchalischen Konzepts eine Herrschaftsbeziehung, sie ist aber auch kein Bündnis, in dem jeder jedem nach der Art und der Geltung der Tätigkeiten gleichgestellt ist.« Das verdeutlicht sich an der Verteilung der Haushaltsarbeit, die im wesentlichen zu Lasten der Frauen geht. »Man muß den Männern zugute halten, daß ihre Reserve gegenüber häuslichen Arbeiten insofern nicht total ist, als sie Reparaturen an der Wohnung und am Auto sowie Gartenarbeiten übernehmen. Einige beschäftigen sich nach der Berufsarbeit mit den Kindern.«

Eindeutig ist aber, daß Haushaltsarbeiten wie Kochen, Abwaschen, Putzen, Kleiderpflege und anderes überwiegend von den Frauen ausgeführt werden, und zwar auch dann, wenn sie ebenfalls einem Broterwerb nachgehen. »Die Zurückhaltung der meisten Männer gegenüber der Hausarbeit« führt Helge Pross deutlich auf die herrschende »Vorstellung von Männlichkeit« zurück.

Die Idee, Haus- und Erwerbsarbeit zwischen den Geschlechtern demokratisch zu teilen, findet 1975 bei den deutschen Männern kaum Zuspruch. »Die Zufriedenheit der meisten Männer mit ihrer Ehe ist zum Teil Zufriedenheit mit der bestehenden Arbeitsteilung. Die Ehe bietet nicht nur Gemeinsamkeit und Schutz, sie bietet auch häusliche Versorgung – eine Leistung der gegenwärtigen Arrangements, deren Wert die Männer spätestens dann, wenn sie in Frage gestellt wird, außerordentlich hoch einschätzen.«

In der *Sexualität* beharren die meisten Männer »auf dem männlichen Initiativrecht und einer weiblichen Passivitätspflicht«. Weibliche Avancen und Aktivitäten werden rasch mit Negativem, ja Verruchtem verknüpft. »Die Auffassung, Initiativen zur Anbahnung sexueller Kontakte stünden in erster Linie Männern zu, setzt der weiblichen Aktivität Schranken. Die gleiche Funktion hat die ebenfalls sehr alte Annahme, die sexuellen Bedürfnisse von Männern seien stärker als die von Frauen.« Allerdings bröckeln solche Ansichten. Die Bedeutung der Sexualität ist im realen Leben der Männer weniger groß, als der Volksmund stets annimmt und kolportiert. So wird denn auch die Ehe von der übergroßen Mehrheit der befragten Männer nicht primär als »sexuelle Vereinigung« verstanden. »Männer verlangen von ihren Frauen, daß sie treu sind, und stellen die gleiche Forderung an sich selbst. Die frühere Doppelmoral, die Männern den ›Seitensprung‹ zubilligte, ohne ihn auch bei Frauen zu tolerieren, hat kaum noch Befürworter.«

In der *Kindererziehung* treffen Väter und Mütter heute ihre Entscheidungen gemeinsam und egalitär. Der patriarchalische Vater, der alles bestimmt und alles anordnet, gehört der Vergangenheit an. Die Beziehungen der Eltern zu ihren Kindern sind weniger autoritär als früher. Das gilt ganz eindeutig für die Mittelschichten, kaum jedoch für die Unterschicht. »Lediglich ein Drittel meint, der Vater müsse das letzte Wort in der Familie haben. ... Der Vater ist zwar in den Augen zahlreicher Männer eher eine Respektsperson als die Mutter, und die Mutter häufiger der nachgiebigere Teil, nachdrückliche Strenge wird jedoch nicht von ihm verlangt. Ebensowenig rechnet man es zu seinen Pflichten, Vorbild zu sein.« Tatsächlich ist die erzieherische und helfende Beteiligung des Vaters am Kinderalltag allerdings gering. »Aufs Ganze gesehen, lehren die Auskünfte der Väter über sich selbst, daß sie die Vaterrolle faktisch als Nebenrolle einstufen. Das Pathos der Ernsthaftigkeit bei den allgemeinen Beschreibungen hat keine Entsprechung im persönlichen Verhalten. Der Vater hält auf Abstand.« Hier klafft also ein großer Widerspruch zwischen der Theorie der Aussagen und der männlichen Praxis in der Kindererziehung.

Die Frau als Mutter und Hausfrau steht im Zentrum männlichen Wünschens und Erlebens. »Die Mutter soll immer für die Familie dasein und selbst dann, wenn die Kinder größer sind, in der Sorge für sie und für den Ehemann hinreichende Befriedigung finden.« Das Ideal der meisten Männer in den siebziger Jahren der Bundesrepublik ist die mütterlich-sorgende Frau. »Die Forderung, die Mutter soll den häuslichen Aufgaben den Vorrang geben und den Erwerbsberuf hintanstellen, hat eine Parallele in den generellen Bewertungen der beiden Hauptrollen der Frau. Die Mehrheit der Befragten mißt den Leistungen einer Hausfrau und Mutter größere Bedeutung für die Allgemeinheit bei als der Arbeit der Frauen in der Berufswelt. »Die Belastung und Problematik vieler Frauen, erwerbstätig zu sein und *zusätzlich* als Hausfrau und Mutter zu arbeiten, reflektieren nur wenige Männer, und noch weniger machen es zu ihrem eigenen Problem, indem sie ihre Partnerin helfend unterstützen würden.

Das *Selbstbild des Mannes* basiert 1975 noch immer auf seiner grundsätzlichen Überlegenheit. »Der männlichen Mehrheitsmeinung zufolge besitzt der Mann stärkere Nerven als die Frau und verfügt über größere Muskelkraft. Physisch besser ausgestattet, sei er auch geistig und psychisch höher qualifiziert. ... Die Überlegenheit des Mannes erstreckt sich der Majorität zufolge bis in den moralischen Bereich.« Daraus wird ein Machtanspruch gegenüber Frauen und Kindern konsequent abgeleitet. Belastungen und Probleme, die die eigene männliche Rolle mit sich bringt, werden von den Männern Mitte der siebziger Jahre kaum wahrgenommen.

Das *Bild der Frau* ergibt sich aus dem Selbstbild des Mannes: Solange er der Überlegene ist, muß die Frau als die Untergeordnete konzipiert werden. 1975 wünscht sich der deutsche Mann eine deutsche Frau, die im wesentlichen für ihn, seine Sorgen und Sehnsüchte da ist. »Berufsfrauen werden respektiert, mütterliche Frauen ersehnt. Sie verkörpern die wahre Frau.« Einfühlsamkeit, Verständnis und Zärtlichkeit erscheinen als wichtigste Qualitäten der Frau – für den Mann wohlgemerkt. Die meisten Männer orientieren sich dabei egoistisch und ohne Nachdenken an ihren eigenen Bedürfnissen. Das heißt umgekehrt, daß sie die Realität und die Wünsche ihrer Partnerinnen nicht einmal zur Kenntnis nehmen. Dementsprechend reduziert sind die Vorstellungen, die Männer zur Gleichberechtigung der Frau äußern.

Die »Brigitte«-Studie

Zehn Jahre nach der Untersuchung von Helge Pross gab die Frauenzeitschrift »Brigitte« an die Sozialwissenschaftlerinnen Ursula Müller und Sigrid Metz-Göckel den Auftrag, neuerlich eine Befragung der bundesdeutschen Männer durchzuführen. Ein Fazit findet sich bereits in den einleitenden Bemerkungen des Berichts, den die beiden Autorinnen 1986 vorgelegt haben: »Das alte Bild verwischt sich. Aber der neue Mann ist noch eine geringe Minderheit. Weil Männer die Veränderungen bei den Frauen wahrzunehmen beginnen oder gezwungen sind, sich den neuen Ansprüchen zu stellen, geben sie nach: stückchenweise. Verunsichert sind sie ... Sorgen macht ihnen die Scheidungsaktivität der Frauen, die sinkende Geburtenrate, ihr Drängen in den Beruf, die Unzufriedenheit, ja das Unglücklichsein der Frauen nach Jahren ausschließlich häuslicher Tätigkeit ... einen Leidensdruck zeigen sie nicht.«

Was dokumentieren 1984/85 die Daten im einzelnen? *Hausarbeit* gilt auch jetzt noch im wesentlichen als Frauensache. Nur 7 Prozent der Männer zwischen 20 und 50 Jahren erklären »Teile der Hausarbeit als ihre Sache. ... Knapp 50 Prozent aller Männer geben an, am Wochenende bis zu 2 Stunden Hausarbeit zu verrichten, aber nur knapp 30 Prozent sagen das gleiche für die übrige Zeit.« Väter machen sogar noch weniger Hausarbeit als die kinderlos verheirateten Männer. Umgekehrt könnten sich mittlerweile allerdings schon 18 Prozent der Befragten gut vorstellen, als Hausmann tätig zu werden, und immerhin 37 Prozent ziehen die Möglichkeit unter bestimmten Umständen durchaus in Betracht. Nur 40 Prozent widersprechen einer solchen Lebens- und Berufsperspektive für den Mann. Allerdings sind das Aussagen, die vom Ernstcharakter der Prüfung weit entfernt sind. Die Autorinnen glauben jedenfalls nicht sehr an solche und andere männliche Bekenntnisse und stellen in diesem Zusammenhang dezidiert fest: »Wäre es den Männern wirklich ernst mit der Partnerschaftlichkeit, würden sie sich bemühen, unangenehme Dinge wie die Hausarbeit schnell gemeinsam mit der Partnerin hinter sich zu bringen. Dann könnten sich beide – gemeinsam oder jeder für sich – anderen, als sinnvoller erachteten Dingen widmen. Aber – die Männer tun es nicht.«

Hierarchie und Gleichheit im Beruf werden von den bundesdeutschen Männern Mitte der achtziger Jahre vorrangig in ihrer eigenen (männlichen) Erwerbstätigkeit gesehen. Nach wie vor verstehen Männer ihren Beruf als überaus wichtigen Teil ihrer männlichen Identität. »Das Selbstbild der Männer enthält offenbar nach wie vor überwiegend auch die Ideologie von der männlichen Rolle des Familienernährers: 80 Prozent der Männer finden es gut, wenn der Mann berufstätig ist und die Frau zu Hause bleibt, falls eine Familie Kinder unter zehn Jahren zu versorgen hat. Nur 44 Prozent jedoch geben diese Arbeitsteilung als für sie beste Lösung an. 18 Prozent finden diese Lösung schlecht.« Unstrittig hat die Bedeutung der weiblichen Berufsarbeit für die Familienversorgung zugenommen; das ist auch der Mehrheit der deutschen Männer völlig bewußt. »Wir können also von einem kontinuierlichen Annäherungsprozeß zwischen männlicher und weiblicher Erwerbstätigkeit ausgehen. Allerdings sind für die Frauen auf diesem Weg einige Hürden aufgebaut: Kleine Kinder, berufliche Erfolge von Frauen, Arbeitslosigkeit und Frauenförderung stellen die Frauenfreundlichkeit der Männer gegenüber der Frau im Beruf auf die Probe.«

Während 1975 noch viele Männer auf dem exklusiv männlichen Charakter ihrer Arbeit bestanden hatten, sieht nun mehr als die Hälfte der Befragten »ihre Austauschbarkeit durch eine Frau, halten also Frauen für ihre Arbeit ebenso geeignet«. Nach wie vor gibt es aber für viele Männer noch Berufe, die sie geschlechtsspezifisch entweder primär für Männer oder für Frauen reservieren wollen, obwohl sich auch hier »Aufweichungen« vollziehen. Eine Mehrheit der Männer ist noch immer der Ansicht, daß sich Frauen in ihrer Erwerbstätigkeit weniger einsetzen können als Männer, weil sie eine Familie zu versorgen haben. Die Haltung der meisten Männer zur Frauenförderung ist nicht zuletzt deshalb »ablehnend oder zögerlich«. »Gegenüber der Pross-Untersuchung ... hat sich jedoch Bedeutsames geändert. Erklärte damals die Mehrheit der Männer die Benachteiligung der Frau im Berufsleben noch mit mangelnder Qualifikation, so meinen heute drei Viertel, Frauen seien für höhere berufliche Positionen angemessen qualifiziert, motiviert und belastbar.«

Gewalt gegen Frauen als bisher tabuisiertes Thema wird von mehr als 90 Prozent der deutschen Männer durchaus zur Kenntnis genommen. »Fast zwei Drittel aller Männer halten die Frauenhäuser für eine sinnvolle Einrichtung (62 Prozent). 18 Prozent meinen, es gebe viel zu wenig Frauenhäuser. Nur 6 Prozent haben noch nie etwas davon gehört. Auch das Ausmaß an Gewalt wird nicht gerade gering geschätzt. Mehr als die Hälfte der Männer glaubt, daß in jeder zweiten bis zehnten Beziehung Gewalttätigkeit vorkommt.« Über zwei Drittel aller Männer sind inzwischen der Ansicht, daß eine mißhandelte Frau den Täter anzeigen sollte. Allerdings gibt es auch noch viele Männer, die »eher zu einer Bagatellisierung« neigen. Die Autorinnen interpretieren ihre Daten so, daß sie nur der Hälfte der Befragten zugestehen, das Recht der Frau auf körperliche Unversehrtheit wahren zu wollen. »Alles in allem akzeptieren die Männer – wider Willen –, daß es ein Gewaltproblem gibt. Aber sie problematisieren sich selbst nicht dabei. Frauen müssen die Veränderungen herbeiführen, und noch reicht der Druck nicht aus, den Frauen auf die Männer ausüben.«

Den Bereich der *Empfängnisverhütung* bringen die Autorinnen auf die Formel: »Männer lassen verhüten.« Die übergroße Mehrheit der deutschen Männer spricht sich allerdings für die Empfängnisverhütung aus. Etwa 80 Prozent der Befragten betrachten dies durchaus als Aufgabe von Mann und Frau. Allerdings benutzen nur wenige Männer Präservative, hingegen viele Frauen die Pille oder die Spirale. Daraus leiten die beiden Autorinnen einen männlichen Widerspruch zwischen Theorie und Praxis der Empfängnisverhütung ab.

Sexualität »ist offenbar im Selbstbild der meisten Männer integriert. Sie erscheint nicht mehr als isolierter Trieb, sondern als selbstverständlicher Teil ihrer Persönlichkeit. Auf die Partnerin wird Rücksicht genommen.« Der egoistische, nur auf die Befriedigung seiner Gelüste ausgerichtete Mann ist wohl passé.

Mit ihren *Gefühlen* gehen Männer 1985 generell offener um. Die Mehrheit der Befragten ist der Ansicht, Gefühle und auch Schwächen zeigen zu dürfen. Die Autorinnen konstatieren eine »Entwicklung in Richtung auf ›sanftere‹ Männer«. Allerdings sehen die Verfasserinnen der »Brigitte«-Studie auch in solchen Daten keine positiven Anzeichen für die wirkliche Veränderung der Geschlechterverhältnisse.

»Geschlechtsrollen im Wandel«

Von 1983 bis 1986 führte das »Institut für angewandte Sozialwissenschaft« (infas) eine Untersuchung im Auftrag des »Bundesministeriums für Jugend, Familie, Frauen und Gesundheit« durch, die die »Aufgabenverteilung in der Familie« zum Thema hatte und in deren Mittelpunkt die »Männerrollen« standen. Befragt wurden allerdings Männer wie Frauen. Der Abschlußbericht der Untersuchung erschien 1988 unter dem Titel »Geschlechtsrollen im Wandel«.

Diese Studie bemerkt zunächst ausführlich den »Terraingewinn der Frauen in Bildung und Beruf«. Trotzdem bleibt die »Männerrolle – mit ihrer hohen Priorität für die Berufstätigkeit – ... vergleichsweise stabil, in sich ungebrochen und wenig angefochten«. Dem entspricht »eine bemerkenswerte Starrheit in der Aufteilung der Hausarbeit«. Waschen, Bügeln, Nähen und die Zubereitung der

Mahlzeiten sind primär Frauensache; Reparaturen, Autowaschen und geschäftlicher Briefwechsel hingegen mehrheitlich Männersache. »Jüngere und besser ausgebildete Männer sind im Haushalt etwas stärker eingespannt, vor allem beim Einkaufen, Kochen und Abwaschen; dies war 1975 noch nicht der Fall gewesen. Auch durch die Berufstätigkeit der Frau wird das traditionelle Gefüge im Haushalt nicht umgestürzt. Allerdings gibt es interessante Variationen. Die Partner berufstätiger Frauen fühlen sich in höherem Maße für Hausarbeiten (auch Aufräumen und Waschen) verantwortlich.«

Vermehrt beteiligt sich der deutsche Mann als Mithelfer im Haushalt. »Von den befragten Männern möchten heute nur 18 Prozent die Hausarbeit ganz den Frauen überlassen; 1975 waren das noch 26 Prozent. Allerdings fällt dabei auf, daß die Bereitschaft der Männer zur Mithilfe leicht angestiegen ist, die Forderung der Frauen nach Unterstützung leicht abgesunken ist. Die Übereinstimmung zwischen den Partnern ist damit heute wesentlich höher als damals.«

Seit 1975 verzeichnen die Autoren in allen Bereichen des Haushalts einen Zuwachs männlicher Mitwirkungsbereitschaft. »Dies gilt vor allem (mit zehn oder mehr Punkten Differenz) für das Aufräumen, das Abwaschen und das Einkaufen.« Innerhalb von zehn Jahren hat sich der Anteil der mithelfenden Männer von 46 auf 64 Prozent erhöht und der Anteil derer, die häufig Aufgaben im Haushalt übernehmen, von 8 auf 16 Prozent verdoppelt. Trotzdem leisten die Frauen noch immer mehr. »Die Fähigkeit zum Waschen, Bügeln und Nähen sprechen sich Männer rundweg ab, und auch Frauen sind da skeptisch. Beim Kochen hält nur jede oder jeder Fünfte den Mann für ähnlich kompetent wie die Frau.« Damit liefern die Frauen den Männern ein gefährliches Alibi für mögliche und wirkliche Untätigkeit.

In anderen Bereichen ist der Fortschritt eindeutiger und klarer. »Auch wenn sich bei der Aufteilung der im Haushalt anfallenden Arbeiten ein Gleichgewicht nicht abzeichnet: In der Frage der ›Mitbestimmung‹ in familiären Entscheidungen hat sich mittlerweile ein hohes Maß an Gleichberechtigung eingespielt. Die meisten Entscheidungen über die Verwendung der finanziellen und zeitlichen Ressourcen des Haushalts werden gemeinsam getroffen.« Auch die Gleichheit und Gleichberechtigung außerfamiliärer Entfaltungsmöglichkeiten hat sich durchgesetzt, zum Beispiel Ausgehen ohne den Partner. Dies sind unzweifelhaft Lebenssektoren, in denen bereits ein großes Stück von Geschlechterdemokratie praktiziert wird.

Die Autoren der Studie kommen damit zu eher optimistischen Schlußfolgerungen. »Die männlichen und weiblichen Rollen im bundesdeutschen Alltag scheinen durchlässiger geworden zu sein, die Zuweisung von Aufgaben ist flexibler, die Verteilung der Ressourcen gleichmäßiger.« Trotzdem zeigt sich eine Kluft zwischen den stark veränderten Ansprüchen – insbesondere der Frauen – und der sozialen Wirklichkeit. »Die Arbeitsmarktkrise trifft die Frauen nicht nur objektiv besonders stark, sie droht auch den Rollenkonflikt neu zu beleben, indem sie Begriffe wie ›Doppelverdiener‹ und ›Mütterlichkeit‹ emotional auflädt.« Dieser ungleiche Maßstab gilt auch nach wie vor für die *Karriereplanung* der beiden Geschlechter; nur einer von vier Männern würde auf ein schnelleres berufliches Fortkommen zugunsten seiner Partnerin verzichten. »Männliche Selbstverwirklichung ohne Beruf ist schwer vorstellbar.« Derart tradierte Vorstellungen vertreten allerdings nicht nur die Männer, sondern ebensosehr die Frauen. »Die höchste Geltung hat die Erwerbstätigkeit der Männer. ... Die Erwerbstätigkeit von Frauen schließlich rangiert in den Augen der Frauen und der Männer ziemlich niedrig. ... Frauen glauben also nicht, daß Männer Hausarbeit mögen; sie glauben aber auch nicht, daß Frauen ihren Beruf mögen.« Selbst erwerbstätige Frauen schätzen ihre eigene Arbeit niedriger ein als die ihrer Männer.

Der Datenvergleich der Autoren – 1975 versus 1983 – ergibt drei große Ergebnisse:

- Das Machtgefälle in der Partnerschaft ist nahezu verschwunden.
- Im Haushalt und in der Kindererziehung nimmt eine Tendenz zur Offenheit der Rollen und zur Flexibilisierung zu. Die männliche Mitwirkung ist dabei allerdings noch nicht Mitverantwortung, sondern in den meisten Fällen nur Mithilfe.
- Die Erwerbstätigkeit des Mannes wird von beiden Geschlechtern höher bewertet als jene der Frau. »Auf dem Ausbildungs und Arbeitsmarkt haben sich die Aussichten für Mädchen und Frauen verschlechtert. Von daher wird kein zusätzlicher Druck auf Veränderung der Aufgabenteilung ausgehen.«

Die Berliner Untersuchung von 1990

1989/90 befragte ein Berliner Soziologenteam 712 Männer in der Bundesrepublik Deutschland (Hollstein 1990)[6]. Die erfaßten Männer entsprachen demographisch, sozial, beruflich, politisch und weltanschaulich annähernd dem Durchschnitt der männlichen Bevölkerung in der alten Republik. Zum ersten Mal wurde eine solche Untersuchung von forschenden Männern durchgeführt.

Als herausragende Ergebnisse lassen sich zunächst festhalten:

- Die Männerwelt ist in Bewegung. Das Frauenbild der Männer, die Einschätzung und Anerkennung der Frauen durch die Männer, hat sich in den letzten Jahren offenbar entscheidend verändert. Deutlich haben sich die Mit-

6 Diese Untersuchung wird bibliographisch geführt als: Walter Hollstein, Die Männer – vorwärts oder zurück? Stuttgart 1990 (Taschenbuchausgabe 1992).

hilfe des Mannes im Haushalt und die Mitwirkung bei der Kindererziehung qualitativ wie quantitativ verbessert. Schließlich hat sich das Bild, das sich die Männer von sich selbst machen, gewandelt und unterscheidet sich in Teilbereichen erheblich von traditioneller Maskulinität.

- Die meisten Veränderungen haben sich bei Männern aus der unteren Mittelschicht, sekundär aus der oberen Mittelschicht ereignet. Der Prototyp des veränderten Mannes ist zwischen 27 und 40 Jahren alt; hat ein geistes- oder sozialwissenschaftliches Studium abgeschlossen, ist am Zeitgeschehen nicht nur interessiert, sondern auch engagiert, arbeitet als Lehrer, Psychologe, Sozialpädagoge oder Journalist und ist politisch progressiv.
- Die wenigsten Veränderungen sind bei Männern aus der Oberschicht, aus der oberen Unterschicht und – besonders extrem – aus der unteren Unterschicht zu verzeichnen. Der Prototyp des kaum veränderten Mannes ist zwischen 35 und 55 Jahre alt, hat entweder erhebliche Macht oder ist in einer Position völlig ohne Machtbefugnis, ist über soziopolitische und emanzipatorische Entwicklungen schlecht informiert, arbeitet entweder im Unternehmensbereich oder als Arbeiter und kleinerer Angestellter und ist politisch konservativ. Der Prototyp des gänzlich unveränderten Mannes ist zwischen 20 und 55 Jahren alt, verfügt über keine abgeschlossene Ausbildung, ist weder allgemein politisch noch in Spezialgebieten informiert, arbeitet entweder als Hilfsarbeiter und Aushilfskraft oder in stigmatisierten Bereichen als Schlepper, Zuhälter, Rausschmeißer und Kellner in Animierbetrieben, ist politisch reaktionär und hat Sylvester Stallone zum Vorbild.

Im einzelnen lassen sich Ergebnisse resümieren, die sich auf folgende Bereiche beziehen: Kindheit und Elternbild, Frauenbild, eigenes Männerbild, Männerbeziehungen, individuelle Situation als Mann.

Die eigene *Kindheit* wird überwiegend als angenehm empfunden. Den ab 1965 Geborenen, sofern sie aus der Oberschicht oder den Mittelschichten stammen, ist eine demokratische Erziehung zuteil geworden, die auch viel Hilfe und Anteilnahme bei Problemen, Schulschwierigkeiten unter anderem einschließt. Die vor 1965 und vor allem in und vor den fünfziger Jahren Geborenen geben an, primär auf sich selbst angewiesen gewesen zu sein.

Das *Elternbild* der Männer ist facettenreicher als aufgrund anderer Untersuchungen erwartet werden konnte. Eindeutig ist, daß die Söhne wesentlich mehr Zeit mit ihrer Mutter verbrachten als mit dem Vater. Eine ausgesprochen schemenhafte Figur ist der Vater für die Söhne beider Unterschichten; wenn hier überhaupt noch Erinnerungen an den Vater vorhanden sind, so werden sie mit *gelegentlichen* Auftritten von Befehls- und Herrschaftsgebaren, mit Wut, Zorn, Brutalität oder mit Gleichgültigkeit assoziiert. Noch am konkretesten ist das Vaterbild in den beiden Mittelschichten. Zwar dominiert auch hier die Mutter als Bezugs- und primäre Erziehungsperson; trotzdem üben die Väter keinen unerheblichen Einfluß auf ihre Söhne aus. In gewisser Weise erscheint das *Vaterbild* der Männer sogar positiver als das Mutterbild. Mehr angenehme Eigenschaften werden mit dem Vater als mit der Mutter verbunden, beispielsweise Interessantheit, Zuverlässigkeit, Phantasie, Klarheit, Vielseitigkeit, Freigebigkeit: Obwohl (oder weil) auch in den Mittelschichten eine zeitliche und körperliche Distanz zum Vater angegeben wird, wirkt das Vaterbild etwas heller und ungebrochener. Die bemerkte Distanz verbindet sich in der Erinnerung an den Vater manchmal mit Gefühlen des Zorns, häufiger aber mit Trauer: Beides wird dahingehend präzisiert, daß man den Vater gern »mehr gespürt« hätte, mehr »Auseinandersetzung« mit ihm sich gewünscht hätte, mehr mit ihm hätte »unternehmen« wollen, um ihn »besser kennenzulernen«.

Das *Mutterbild* wird im wesentlichen von Zärtlichkeit, Häuslichkeit, Sicherheit und Liebe geprägt sowie von Wärme, Zuneigung und Herzlichkeit. Erstaunlicherweise werden aber diese positiven Nennungen sehr häufig sofort mit negativen Eigenschaften wie Enge, Beschränktheit, Ängstlichkeit oder Eingrenzung verbunden. Auffällig erscheint, daß der Mutter wesentlich mehr Fähigkeit zu realitätsgerechter Alltagsbewältigung zugeschrieben wird als dem Vater, zum Beispiel Ordnungsliebe, Fleiß, Sparsamkeit, Sauberkeit, Sicherheit, Vorsicht, Optimismus, Aktivität, Nüchternheit und Willensstärke.

Milieu- und Altersunterschiede zeigen sich hier von keiner Relevanz. In den Mittelschichten wird den Vätern Introvertiertheit, aber erstaunlicherweise auch Poesie attestiert. Die Frage nach der Sinngebung fürs Leben wird ebenfalls und nahezu ausschließlich mit der Person des Vaters verbunden. Allerdings sind diese Botschaften in den seltensten Fällen expliziert, also den Söhnen ausdrücklich und klar mitgeteilt, sondern zumeist *indirekt* »mitgegeben« worden.

Die endsechziger Jahre stellen sich als Einschnitt für sexuelle Aufklärung dar. Die heute 30- bis 40jährigen und noch Älteren wurden nur selten sexuell aufgeklärt, wenn aber doch, so vom Vater. Die sexuelle Information der 20- bis 25jährigen wird vermehrt durch beide Elternteile geleistet, ist allerdings wesentlich seltener und inhaltlich begrenzter, als es die »sexuelle Befreiung« der Jahre nach 1965 hätte vermuten lassen.

Die deutlichsten Veränderungen markieren sich im neuen *Frauenbild* der Männer. Hier wurde zweifellos endgültig von traditionellen Vorstellungen Abschied genommen, wenn man von Extrembeispielen der unteren Unterschicht absieht. Häufig werden Frauen heute von den Männern als stärker angesehen; ihnen wird die bessere körperliche und seelische Gesundheit ebenso attestiert wie zum Beispiel höhere sexuelle Erlebnisfähigkeit oder praktischerer Lebenssinn.

Konventionelle Geschlechterstereotypen werden nur noch eindeutig von den Männern der unteren Unterschicht und gebrochen bis partiell von jenen der oberen Unterschicht und der Oberschicht zugewiesen. Auffällig ist, daß viele Männer der Mittelschicht sich überhaupt weigerten, diese Fragen zu beantworten und die Fragestellungen mit Kommentaren wie: »Unsinn«, »überholt«, »was soll das?« oder ähnlichem versahen. Bei den Filmschauspielerinnen sind die Sex-Stars »out«. Ornella Muti, Sonia Braga, Brigitte Bardot, Gina Lollobrigida, Marilyn Monroe und Jayne Mansfield werden eindeutig nur noch von der unteren Unterschicht bevorzugt und von der oberen Unterschicht und der Oberschicht einigermaßen häufig genannt. Die einzige dieser Filmidole, die von den Mittelschichten hin und wieder genannt wurde, ist Marilyn Monroe. Die meisten Nennungen fallen auf Meryl Streep, Catherine Deneuve, Mia Farrow und Liv Ullmann. In den Mittelschichten ist eindeutig Liv Ullmann favorisiert vor Meryl Streep.

Die *Erwartungen an die Frau* differieren schichtenspezifisch sehr stark. Die Männer der Oberschicht vertreten unumwunden und ausschließlich Wünsche nach Schönheit, Attraktivität, Häuslichkeit und erotischer Ausstrahlung. Dieses Bild wird auch in keiner Weise durch Generationsunterschiede differenziert. Ähnlich präsentiert sich das Frauenbild der unteren Unterschicht. In der oberen Unterschicht dominieren neben Schönheit und erotischer Ausstrahlung Erwartungen wie Erwerbstätigkeit, Häuslichkeit und Solidarität. Die meisten Nennungen der Männer aus den beiden Mittelschichten fallen einerseits auf Intelligenz, Selbständigkeit, Verständnis und andererseits auf erotische Ausstrahlung. Hier zeichnen sich Generationsunterschiede ab, die allerdings weniger deutlich sind, als ich angenommen habe. Männer, die vor 1950 geboren wurden, bezeichnen seelische Unterstützung und Häuslichkeit unter den drei erfragten wichtigsten Eigenschaften, aber eingebettet in Qualitäten wie Intelligenz, Selbständigkeit oder Klarheit. Ein Verlangen nach Eigenschaften wie Abhängigkeit, Opferbereitschaft, aber auch Reichtum, die in früheren Untersuchungen eine wichtige Rolle gespielt haben, kommt heute nur noch am Rande vor.

Die weiteren Fragen und Antworten zum Frauenbild der Männer offenbaren fast eine *gesellschaftliche Dichotomie*, bei der sich auf der einen Seite die Mittelschichten und auf der anderen die Unterschichten und die Oberschichten gegenüberstehen. Bei den Gesprächsthemen ist bei den Unterschichten und in der Oberschicht eine – allerdings unterschiedliche – »materialistische« Ausrichtung festzustellen, während in den Mittelschichten »beziehungsbezogene« Themen vorherrschen. Das heißt konkret: Die am häufigsten genannten Gesprächsthemen der Oberschicht entfallen auf Kleidung, Einrichtung und Karriere, in der oberen Unterschicht auf Haushalt, Haushaltsgeld, Mahlzeiten und Fernsehen, in der unteren Unterschicht zusätzlich auf eine konsumorientierte Freizeitgestaltung. Die Mittelschichten kommunizieren über Gefühle, Kinder, Politik, Freunde, Freizeit in einem nichtmaterialistischen Sinne der Bedürfnisverwirklichung und über Sexualität.

Die Freiheit, die der Partnerin oder Ehefrau von Männern zugebilligt wird, zeigt sich ebenfalls stark unterschiedlich verteilt. Die Männer der Mittelschicht bejahen sämtliche Unterfragen klar; auch Bereiche, die zumindest Eifersucht auslösen könnten, wie zum Beispiel das Ausgehen mit einem Freund oder die Ferienreise allein, werden noch sehr positiv beschieden. Das ist bei der Oberschicht nicht der Fall und bei den Unterschichten noch viel weniger.

Die Frauenemanzipation wird von den Männern der Mittelschichten nicht nur als gut und gerecht bezeichnet, sondern auch für unterstützenswert befunden. Davon weichen die Ansichten der anderen Schichten erheblich ab. Die Männer der Oberschicht finden zwar die Frauenemanzipation überwiegend gerecht; doch zu einer Unterstützung kann sich nur ein knappes Drittel der Befragten aufraffen. In den Unterschichten verschiebt sich dieses Bild noch krasser. Vor allem in der unteren Unterschicht kann nur noch ein Drittel der Männer die Frauenemanzipation als gut oder gerecht begrüßen. 15 Prozent stufen sie als gefährlich ein, und immerhin 24 Prozent wollen sie sogar bekämpfen.

Dementsprechend verwerfen über 80 Prozent der Männer in der Unterschicht eine Quotenregelung, während circa 80 Prozent der Männer in den Mittelschichten grundsätzlich dafür sind – »grundsätzlich« heißt dabei, daß die Antworten häufig mit Zusatz versehen wurden wie: »bei gleichen Fähigkeiten«, »ausreichende Ausbildung nötig«, »gleiche Kompetenz«.

Überraschend fielen die Antworten auf die Fragen nach den männlichen Haushalts-»Pflichten« aus, wobei dieses Thema in der Oberschicht aufgrund des vorhandenen Servicepersonals irrelevant war. In den Mittelschichten ergab sich, daß die Männer durchschnittlich 1,3 Stunden pro Tag reparieren, putzen, aufräumen, einkaufen, waschen, Geschirr spülen und kochen. Die Mithilfe des Mannes aus der oberen Unterschicht erreicht 1,1 Stunden pro Tag. Diese Zahlen kontrastieren deutlich mit den Ergebnissen bisheriger Untersuchungen.

Auch die *Männerwirklichkeit* hat sich deutlich verändert, was ebenfalls primär für die Mittelschicht gilt. Die Männer sind in den vergangenen Jahren vor allem gefühlvoller geworden, können besser zuhören, gehen mehr auf die Bedürfnisse der Frauen ein, können auch mal passiv sein, sind weniger autoritär. Als eigene Veränderungen werden vornehmlich angegeben: »nehme meine Gefühle ernster als früher«, »grenze mich besser ab«, »habe mehr Körperbewußtsein«, »Männerfreundschaften«, »bin sexuell gelöster«, »kann Nichtrationales zulassen«, »offener gegenüber Kritik«, »toleranter«, »solidarischer«. Hier gilt indessen die Einschränkung, daß männliche Veränderungen offenbar primär ein Thema der Mittelschichten und allenfalls tertiär eines der Oberschicht sind, während in den Unterschichten weitgehend überhaupt nicht begriffen wird, worum es dabei geht. Bei den Gründen, die zur Veränderung des Mannes geführt haben, fällt die hohe Nennziffer für »das eigene Leiden an der Männlichkeit« auf.

Die Veränderung des *Männerbildes* dokumentiert die Auswahl von beliebten Filmschauspielern. An der Spitze männlicher Popularität stehen: Cary Grant, Gary Cooper, Humphrey Bogart, Jack Nicholson, Dustin Hoffman, Yves Montand, Woody Allen, Lino Ventura, Bruno Ganz und Robert Redford. Die Männer aus den Mittelschichten präferieren eindeutig Dustin Hoffman und Woody Allen; es folgen Cary Grant, Lino Ventura, Robert Redford und Bruno Ganz. Die Unterschichten nennen Alain Delon, Sylvester Stallone, Götz George, Jean-Paul Belmondo, Warren Beatty und Paul Hogan.

Die Kluft zwischen Mittel- und Unterschichten setzt sich auch im Männerbild fort, vielleicht sogar noch krasser als im Frauenbild. Was ein Mann unbedingt können soll, wird von den Männern der Unterschicht wie folgt bezeichnet: alle Lebenslagen meistern können, immer auf Draht sein, den Frauen in technischen Fähigkeiten überlegen sein. In der unteren Unterschicht fallen auch die vielen Nennungen von Autorasen und großem Alkoholkonsum als männliche »Qualitäten« auf. Den Männern aus den Mittelschichten ist hingegen wichtig, über eigene Probleme reden und Schwächen zeigen zu können.

Bemerkenswert sind die Ergebnisse, die die Fragen nach der *Fähigkeit der Männer* betrifft, sich allein versorgen zu können. Hier fällt in allen Schichten die Generationskluft zwischen den 20- bis 40jährigen und den über 40jährigen auf. Die jüngere Generation ist weithin in der Lage, sich allein zu versorgen. Dabei verfügen die jüngeren Männer aus den Mittelschichten offenbar über die besten Fähigkeiten. Sie können in ihrer überwiegenden Mehrzahl nicht nur putzen, kochen und Wäsche waschen, sondern auch braten, Kuchen backen, nähen und bügeln. Dazu paßt, daß diese Männer aus den Mittelschichten ihren Kindern keine besonders geschlechtsspezifischen Eigenschaften mehr vermitteln, zum Beispiel wird Durchsetzungsvermögen für Töchter als ebenso wichtig angesehen wie Schönheitssinn für Söhne. Die Oberschicht weicht hiervon wenig, die Unterschicht aber deutlich ab. Die Mittelschichten zeichnen sich ebenfalls signifikant häufiger als die anderen Schichten durch ihren von Toleranz und Unterstützung geprägten Erziehungsstil aus.

Gemessen an den anderen Bereichen haben sich offensichtlich die wenigsten Veränderungen bisher im *Verhalten von Männern gegenüber Männern* vollzogen. Männerfreundschaften werden noch immer primär wettbewerbsorientiert gesehen, das gilt vor allem für die untere Unterschicht, aber auch für die obere Unterschicht, die Oberschicht und die obere Mittelschicht. Die meisten Äußerungen, daß Männerfreundschaften offenbar auch solidarisch oder sogar liebevoll gestaltet und erlebt werden können, erfolgten in der unteren Mittelschicht; aber selbst hier sind noch mehr Männerfreundschaften wettbewerbsorientiert. Dementsprechend werden »intime« Gespräche zwischen Männern selten geführt. In Kindheit und Jugend wurde über »Intimes« eher mit den Schwestern als mit den Brüdern gesprochen. Im Zusammensein mit Freunden werden sexuelle Probleme, psychische Schwierigkeiten unter anderem als Themen ebenso vermieden wie etwa Gespräche über Beziehungsprobleme oder eigene Schwächen. Gesprächsthemen werden bewußt »versachlicht« und betreffen Arbeit, Sport, Politik und Ferien. Das gilt meistens sogar auch für den »besten Freund«.

Unsicherheit, Unklarheit, Angst und Verdrängung charakterisieren mehrheitlich den Umgang von Männern mit den eigenen Geschlechtsgenossen. Obwohl erstaunlich viele Männer angeben, keine oder nur sehr unregelmäßige »freundschaftliche« Beziehungen zu anderen Männern zu haben, scheint doch nicht der Wunsch zu bestehen, »engere Kontakte« herzustellen. Allerdings dokumentiert sich auch hier ein positiver Wandel bei den 20- bis 40jährigen. Insgesamt äußert nur etwa ein Drittel der Männer das Bedürfnis nach engeren Männerfreundschaften.

Bemerkenswert ist auch die Reaktion auf die »Männerbefreiung«. Nur eine Minderheit ist der Ansicht, daß sie davon etwas lernen könnte. Die anderen finden, daß sie das nichts angeht. Zusätze weisen das Ganze als »Quatsch«, »Idiotie«, »Nachahmerei der Frauenbewegung« aus. Nur eine Minderheit möchte in einer Männergruppe mitarbeiten.

Auffällig und in diesem Ausmaß erschreckend ist eine wohl generelle Unzufriedenheit der Männer mit sich und ihrer Situation. Ein großer Prozentsatz der Befragen möchte seine gegenwärtige Arbeitssituation offenbar verändern. Die meisten Männer scheinen viele Lebensziele nicht erreicht zu haben. Am ehesten scheint die materielle Situation der Männer befriedigend zu sein; Sicherheit, Heim und Karriere, aber auch Wohlstand und Besitz werden häufig als »erreicht« bezeichnet. Hingegen vermissen die meisten Männer augenscheinlich die »ideellen« Werte in ihrem Leben, ihre Selbstverwirklichung, ihr Glück und ihre »innere« Zufriedenheit. Dementsprechend wünschen sich viele der Männer Freiheit und Abenteuer, aber auch Freundschaft und Ruhe. Erstaunlich ist, daß 50 Prozent der Männer, die verheiratet sind oder in festen Partnerschaften leben, die Liebe als noch wünschenswertes Lebensziel angeben.

Männer aus den Mittelschichten zeigen sich am wenigsten stolz, Mann zu sein, während die Männer der Oberschicht, vor allem aber der Unterschichten ihr Mannsein offenbar noch vergleichsweise ungebrochen erleben. Erwartungsgemäß konnten die Unterschichten mit der Vorstellung des Androgynen nichts verbinden. In den Mittelschichten besteht hingegen ein häufiger Wunsch, androgyn zu sein.

Was läßt sich resümieren? Insofern – bei allen Schwierigkeiten – die vorgestellten Studien überhaupt verglichen werden können, darf festgestellt werden, daß normativ und im Weltbild, aber auch macht- und ressourcenmäßig beide Geschlechter sich einander angeglichen haben. Dort, wo wichtige Ungleichheiten bestehen, sind diese im Bewußtsein von Männern und Frauen zumindest deutlich, zum Teil auch schon verankert. Dieser Tatbestand gerät in der »Brigitte«-Studie zu kurz, deren feministisches Engagement gleichzeitig eine einseitige Kampfansage an die Männer darstellt. Dabei gerät auch nicht ins Visier, daß das bestehende Profil der Rollenklischees und -stereotypen *beider* Geschlechter weniger ein Problem der Männer ist als eines beider Geschlecher und vor allem bremsender Gesellschaftsstrukturen.

Das soll und darf freilich kein Alibi für Männer sein, sich nicht zu verändern. Das ist wohl im wesentlichen auch nicht der Fall. Seit 1975 lassen sich zunehmend Evolutionen im Frauenbild der Männer bemerken, in der wachsenden Toleranz gegenüber dem Bewegungs- und Freiheitsspielraum der Frauen, im sexuellen Verhalten der Männer, in der wachsenden Bereitschaft, Entscheidungen mit den Partnerinnen gemeinsam zu treffen und vieles mehr. Am langsamsten verändert sich die Aktivität der Männer im Haushalt und bei der Kindererziehung. Nebst subjektivem, manchmal auch chauvinistischem Bremsen der Männer hindert hier noch immer das gesellschaftliche Rollenbild, welches männliche Identität im wesentlichen mit männlicher Erwerbstätigkeit korreliert. Ein beruflich nicht erfolgreicher Mann ist kein Mann.

Männliche Fortschritte sind unverkennbar.[7] Die meisten Veränderungen haben sich bei Männern in den beiden Mittelschichten ergeben. Hier läßt sich auch eine Avantgarde mit gesellschaftlichem Vorbildcharakter ausmachen: Männer, die die Hausarbeit mit ihren Partnerinnen teilen, die ihre Kinder gleichberechtigt und gleichverpflichtet miterziehen, die häufig in ihrer Erwerbstätigkeit teilzeitbeschäftigt sind. Auch in den Mittelschichten stellen diese Männer heutzutage allerdings erst eine kleine Minderheit dar. Die Mehrheit zeigt sich von Mitverantwortung im Haushalt und bei der Kindererziehung noch recht weit entfernt; ihr Umgang mit Bettwäsche, Geschirr und Kochtöpfen und ihre Beschäftigung mit Kindern kann bestenfalls als Mithilfe qualifiziert werden, und auch da gilt es noch Einschränkungen vorzunehmen. In vielen Fällen ist diese Mithilfe nur gelegentlich; in vielen Fällen picken sich die Männer die Rosinen aus dem Kuchen notwendiger Tätigkeiten und überlassen das Unangenehme, mit Schwierigkeiten oder Schmutz verbundene den Frauen. So zaubert denn manch einer ein Filet auf dem Herd und hat für dessen Raffinierung auch eigens exquisite Kräuter eingekauft; doch den Abwasch der fettverschmierten Pfanne besorgt

7 Auch neuere Studien aus allen industrialisierten Staaten belegen diesen Trend; vgl. als Überblick: Council of Europe: Promoting Equality: A Common Issue for Men and Women (Strasbourg 1998).

dann seine Frau. Noch deutlicher läßt sich dieses männliche Verhaltensmuster in der Kindererziehung beobachten: Männer beschränken sich in ihrer übergroßen Mehrheit auf die hedonistischen Bereiche des Spielens, Wanderns, Bastelns, Erzählens oder Ausgehens. Die Laken mit dem Pipi oder dem Erbrochenen des Nachwuchses wechselt meistens noch immer die Frau.

Trotzdem – Männer in den Mittelschichten verbringen mehr Zeit zu Hause als früher, engagieren sich stärker bei der Erziehung ihrer Kinder und übernehmen mehr Tätigkeiten im Haushalt. Daß dies alles – objektiv und aus feministischer Optik betrachtet – noch zu wenig ist, sei zugestanden; es muß andererseits aber auch betont werden, daß es hier unleugbare Fortschritte gibt und daß diese Fortschritte die Tendenz zeigen, sich quantitativ und qualitativ zu vermehren. Mit Wenn-und-Aber-Situationen und mit Ja-Nein-Jein-Konstellationen werden wir beim Thema der Männerveränderung noch einige Zeit zu tun haben. Das liegt nicht nur ausschließlich an den Männern, sondern ist grundsätzlich mit jeder Veränderung verbunden. Wandel ist niemals linear, sondern springt vor und zurück, zeigt sich lange Zeit ambivalent, bis er sich eines Tages stabilisiert.

Wohin die Entwicklung geht, läßt sich indessen schon skizzieren. Unter den gegebenen gesellschaftlichen Bedingungen wird die Mithilfe des Mannes im Hauhalt und bei der Kindererziehung zunehmen; Mithilfe verändert sich dabei sukzessive zur Mitverantwortung: Da die »Zwei-Karrieren-Familie« eindeutig der gesellschaftlich repräsentative Typus des Zusammenlebens von Frau und Mann schon jetzt ist, gibt es gar keinen Weg an dieser Entwicklung zur männlichen Mitverantwortung vorbei. Männliche Privilegien, Bastionen, Ausreden und entschuldigende Verweise auf die klassische männliche Rolle werden proportional zur wachsenden Offizialität der »Zwei-Karrieren-Familie« zerbröckeln. Die letzten Paschas werden in absehbarer Zeit museumsreif sein.

Damit verschiebt sich natürlich auch die Ökonomie des Austauschs zwischen den Geschlechtern. Mit der Veränderung der gesellschaftlichen Arbeitsteilung wandeln sich die Obhutspflichten von Frauen und Männern. Die Erwerbstätigkeit der Frau entlastet letztendlich den Mann von den Zwängen seiner traditionellen Ernährerfunktion. Umgekehrt schafft diese »Freisetzung« neue Verantwortung: Die erwerbstätige Frau braucht nun ihrerseits die »Reproduktion ihrer Arbeitskraft«, das heißt: Pflege, Fürsorge, Aufmerksamkeit, psychische Entlastung, Entfrustrierung, Dialog, Zärtlichkeit und Verwöhnung. Das verlangt sogar doppelte Pflicht vom Mann: Er muß der Frau geben, was er jahrelang nur bekommen und aufgesogen hat, und er muß sich das alles nun zu einem großen Teil auch selber geben. Was meinen wir damit? Die erwerbstätige Frau benötigt und erwartet an Zuwendung, was sie früher allein und exklusiv ihrem Mann entgegengebracht hat. Damit erhält der Mann notwendigerweise weniger weibliche Aufmerksamtkeit. Das wiederum heißt, daß er damit emotional für sich selber verantwortlich werden muß. Er kann seine Gefühle nicht mehr an seine Partnerin delegieren und von dieser quasi auch leben lassen. Vielmehr muß er lernen, sich selber Aufmerksamkeit zuteil werden zu lassen, sein Inneres wahrzunehmen, introspektiver zu werden, seine eigenen Gefühle kennenzulernen und sie auch selbsttätig zu interpretieren. Er kann sich mit seinen Emotionen, Problemen und Anliegen nicht mehr einfach in seiner Partnerin spiegeln.

Das hat eine weitere Konsequenz. Die veränderte Arbeitsteilung der Gesellschaft bedingt – wie schon beschrieben – eine neue Ökonomie des Austauschs zwischen den Geschlechtern, und diese neue Ökonomie wiederum befördert eine größere Symmetrie zwischen Mann und Frau. Am Beispiel der Gefühle dürfte deutlich geworden sein, was damit gemeint ist. Sosehr der Mann früher im Lebenszentrum der zu Hause arbeitenden Frau stand, sosehr muß er aus diesem Zentrum herausrücken, wenn seine Partnerin selber erwerbstätig ist. Auch dies hat zwei Seiten: Es bedeutet für den Mann nicht nur Verlust, sondern auch Chance und Gewinn. Nutzt er diese Möglichkeit, kann er für sich zurückgewinnen, was ihm in der historischen Entwicklung zur Arbeitsteilung der Geschlechter einst genommen worden ist.

Wir Männer könnten dergestalt auf eine neue Art erwachsen werden, indem wir unsere Gefühlswelt nicht von unseren Müttern auf unsere Frauen übertragen, sondern sie selber und selbsttätig zu leben beginnen. Damit ließe sich dann auch der weibliche Vorwurf entkräften, daß wir im Grunde gefühlsmäßig kleine Buben geblieben seien. Als ganz wichtige Folge hätte dies, daß wir nun zu wirklichen Partnern der Frauen werden, indem wir emotional nicht nur nehmen, sondern auch zu geben in der Lage sind. Auf der materiellen Ebene hingegen müssen wir – mit der zunehmenden Erwerbstätigkeit der Frau – nicht nur geben, sondern dürfen auch nehmen. So vollzöge sich ein freierer und vor allem gleichberechtigterer Austausch zwischen den Geschlechtern.

In Einzelfällen ist dies längst keine Utopie mehr, als gesellschaftliche Richtvorstellung aber sicher Ausnahme und noch weit von der Regelhaftigkeit entfernt. Es wäre auch falsch, diese Perspektive als idyllisch zu beschreiben. Frauenbücher weisen zur Genüge aus, daß das Gefühls- und Liebesmonopol der Frauen in den Beziehungen natürlich auch ein Besitz ist, Macht bedeutet und nicht ganz einfach aufgegeben werden kann. Uns sind hier die Ängste der Männer näher: Die veränderte Arbeitsteilung der Geschlechter und die damit verbundene neue Ökonomie des Austausches zwischen Mann und Frau zwingt den Mann, auf einen Teil seiner äußeren Macht zu verzichten, gewisse Rechte und daraus hervorgehende Privilegien aufzugeben, neue Pflichten und Ansprüche seiner erwerbstätigen Partnerin zu erfüllen und damit ein neues Frauenbild sich ganz konkret zu erarbeiten.

All dies wirft uns Männer nicht nur aus vertrauten Traditionen, sondern entläßt uns auch aus alten Sicherheiten der Orientierung, des Verhaltens und der Gewohnheiten. Das schafft Angst. Machtpositionen zu räumen ängstigt, da mit Macht Verfügungskraft, Schutz und Anerkennung verknüpft sind; es ängstigt um so mehr, da eine Alternative, die adäquat und attraktiv zugleich wäre, nicht einfach zur Verfügung steht. Solange gesellschaftlich Mann-Sein mit Macht korreliert bleibt, ist der Verzicht auf Macht mit der Gefahr der Einbuße von Männlichkeit verbunden. Die sicher richtige Aussage, daß 50 Prozent weniger Macht 50 Prozent mehr Freiheit bedeuten kann, ist für eine Mehrheit von Männern nicht verlockend, weil Macht in der männlichkeitsdominierten Gesellschaft sozial höher bewertet wird als Freiheit und letztere in dieser Optik nicht als Gewinn, sondern als Ohnmacht erscheint. Neue Pflichten und Ansprüche ängstigen ebenfalls, zumal sie mit einem veränderten Verhaltensprofil der Frauen verfugt sind. Das heißt: Die fordernde Partnerin löst die dienende Haufrau und Mutter ab; und das bedeutet: Der Mann kann nicht mehr einfach verlangen, erwarten, sich bedienen lassen und begehren; er muß auch geben, Erwartungen erfüllen, antworten und Angebote machen. Schließlich ist mit alldem die männliche Angst verbunden, auf die Liebe der Frauen verzichten zu müssen. Jan Halper und insbesondere Anthony Astrachan dokumentieren in ihren empirischen Untersuchungen ganz plastisch, wie furchtbar Männer der Gedanke schreckt, daß jene Aufmerksamtkeit, Fürsorge und Liebe, die die Frauen seit jeher den Männern entgegenbringen, von ihrer Erwerbstätigkeit aufgesogen werden könnte. Was also früher die abhängige Frau libidinös ihrem Gatten zukommen ließ, richtet nun die unabhängige Frau auf ihren eigenen Beruf. Nachgerade panikartig bewegt diese Angstphantasie die Männer und hindert sie vielfach, sich konstruktiv mit den »neuen« Frauen auseinanderzusetzen, das heißt auch, nicht nur Ängste zu entwickeln, was sie alles verlieren könnten, sondern vor allem realitätseinsichtig zu werden und wahrzunehmen, wo die Vorteile interessanterer Lebensgestaltung, materieller Entlastung, vielseitiger Kommunikation und eines Antriebs zur eigenen Weiterentwicklung aufgrund neuer weiblicher Impulse liegen.

In diesem beschriebenen Zusammenhang ist männliche Angst unzweifelhaft männliche Abwehr angesichts der Herausforderung emanzipierter Frauen und – damit verbunden – auch Abwehrhaltung gegenüber der bloßen Möglichkeit, sich auf neue Verhaltensweisen, Geschlechterbeziehungen und Arrangements überhaupt einlassen zu wollen. Mark Gerzon hat in diesem Sinne sicher recht, wenn er in seinem Buch »A Choice of Heroes« feststellt, daß viele Männer nur mit Verwirrung, Ärger und Angst auf den Feminismus reagiert haben und von daher gar nicht in der Lage waren zu bemerken, welche Vorschläge die Frauenbewegung angeboten hat, damit wir Männer »uns selbst von alten Stilen männlichen Verhaltens befreien können«. In der Tat wirkten die meisten Männer zunächst so, als habe der Feminismus einen Rollentausch vorgeschlagen, der nun die Männer ausschließlich zur Hausarbeit verdammt und die Dominanz der Frauen in der Außenwelt von Politik, Wirtschaft und Verwaltung zu sichern versucht. Solche angstvollen und zum Teil sicher auch beabsichtigten Verzerrungen verhinderten die realitätsgerechte Prüfung der feministischen Forderungen. Dabei brachten sich viele Männer um die Chance, die eigenen Rollen und Verhaltensmuster kritisch zu befragen und möglicherweise zum eigenen lustvollen Nutzen auch zu revidieren.

In der Männerwirklichkeit von heute gibt es drei männliche Grundhaltungen: die Schwulen, die »Neutralos« und ein breites Spektrum von Heterosexuellen. Die Schwulen haben sich vielen Männlichkeitserwartungen unserer Gesellschaft seit je verweigert und eine eigene homosexuelle Subkultur aufgebaut. Die »Neutralos« enthalten sich sexuell gegenüber Männern wie Frauen. Ihre Zahl wächst.

Die Heterosexuellen lassen sich in verschiedene Kategorien einteilen: Die *Gestreßten* müssen miterleben, wie ihre Frauen aus den traditionellen Rollenbildern schlüpfen und Lebensentwürfe verweigern, die bis dahin für die jeweiligen Paare verbindlich waren. Die Veränderung ihrer Frauen verlangt von den Männern eine Neudefinition ihrer ganzen Existenz, der Lebensbereiche von Freizeit und Arbeit und der Geschlechterverhältnisse im weitesten Sinne. Ebendies löst alle Symptome von Streß aus.

Die *Desorientierten* versuchen die Streßfaktoren zu mindern, indem sie sich an dem orientieren, was ihre Frau von ihnen erwartet. Ist ein Emanzipationsprozeß aber erst einmal in Gang gesetzt, folgen die Schritte weiblicher Veränderung so rasch, daß die meisten Männer nicht mehr in der Lage sind, hinterherzukommen. Verunsicherung ist die nahezu logische Folge.

Die *Depressiven* sind emotional von der Veränderung ihrer Frauen überfordert. Oft geraten diese Männer in Problemlagen, wenn sie von ihren sich emanzipierenden Frauen verlassen werden. Die amerikanische Männertherapie konstatiert bei den verlassenen Ehemännern deutliche Anzeichen klinischer Depression und Borderline-Symptome. Sie sind nur noch in der Lage, die veränderte Situation leidend und verzweifelt zu ertragen.

Die *Indifferenten* reagieren mit Verdrängung und Ignoranz. Diese Männer wollen sich aus einer unbewußten Angst heraus nicht an der Veränderung ihrer Frauen beteiligen, geschweige denn die Frage stellen, was der weibliche Wandel für sie selber bedeutet. Als »Vogel-Strauß-Politik« ist diese Verhaltensweise trefflich zu kennzeichnen.

Die *Machos* insistieren mit Vehemenz auf den traditionellen Geschlechterverhältnissen. Der Mann ist in ihrem Verständnis der Herrscher der Welt und die Frau ihm untertan. Aggressiv in der Außenwelt und dominant im Privatbereich, verteidigt der Macho die jahrhundertelange männliche Vorherrschaft.

Die *Chauvis* reagieren trotzig auf die Forderungen des Feminismus. Während die Machos nicht einmal bereit sind, die Frauenbewegung inhaltlich zur Kenntnis zu nehmen, wirft sich der Chauvi in die Ritterrüstung männlicher Abwehrhaltung. Mit Ärger, Wut und durchaus offensiv geäußerten Rachegelüsten verteidigt er die Stellungen männlicher Hegemonie.

Die *Opportunisten* wissen, daß sich der Wind der Geschichte gedreht hat, ohne allerdings die Energie aufbringen zu wollen, gegen den feministischen Sturm anzukämpfen. Sie suchen sich ruhige Nischen, in denen sie sich – durchaus unverändert – aufhalten können. Wenn es um die offene Auseinandersetzung mit Frauen geht, nehmen die Opportunisten zu Lippenbekenntnissen Zuflucht, denen keine Taten folgen.

Die *Softies* passen sich den Forderungen der Frauenbewegung defensiv an. Scheinbar nehmen sie ihre eigenen männlichen Bedürfnisse zurück und stellen sich verbal ganz auf die Frauen ein. Abgesehen davon, daß die Frauenbewegung solche Anbiederei zurückwies, mußten die Softies auch bald den hohen Preis psychischer und physischer Schwierigkeiten für ihre Selbstverleugnung zahlen.

Die *Schuldbeflissenen* glauben, die ganze historische Bürde jahrtausendelanger Unterdrückung der Frau auf ihren schmalen Schultern tragen zu müssen. Sie schleichen gesenkten Hauptes und trüben Blickes durch die Welt, die ihnen noch viel zuwenig weiblich ist.

Die *Imitatoren* anerkennen die historische Leistung des Feminismus, den sie jedoch sogleich für sich reklamieren und als lebensrettend bewerten. Nahezu vampirisch nehmen sie ihre neu definierte Existenz aus dem Feminismus: Modelle für das weitere Leben, Aktionsformen und Perspektiven.

Die *Veränderer* haben frühzeitig begriffen, daß sie von der Frauenbewegung lernen können. Aber dazu muß die individuelle und kollektive Energie der Männer zur eigenen

Veränderung mobilisiert werden, anstatt sie ausschließlich von der Frauenbewegung »abzumelken«. Viele Männer sind dabei, das zu begreifen. Sie zerstören Mythen und Schablonen unterdrückter Männlichkeit in sich selbst. Die Veränderer verstehen die Wut von Frauen über die Jahrhunderte andauernde männliche Hegemonie, ohne indessen im masochistischen Kotau vor dem Feminismus zusammenzusinken. Sie wissen, wo sie feministische Zielsetzungen solidarisch zu unterstützen haben, weil es um eine Gesellschaft der Gleichberechtigung geht, und wo sie sich zur Wehr setzen müssen, weil sie als Männer nicht abgeschafft werden wollen. Sie haben begriffen, daß sie Macht abgeben müssen, daß sie dafür aber auch in den Genuß von mehr Freiheit kommen können, denn weniger Macht bedeutet auch weniger Bürde.

Dieses männliche Spektrum zeigt Veränderungswillen und Einsicht, Offensive, Mut und Willen zur Geschlechterdemokratie, aber auch Wut, Trotz, Widerstand, Borniertheit, Egoismus, Chauvinismus und Gegenwehr und vor allem wohl Verdrängung, Ignoranz, Einsichtslosigkeit, Unehrlichkeit, Lippenbekenntnise und Unverständnis. Unter dem Blickwinkel von Veränderung anders und einfacher ausgedrückt: Es gibt ein Lager, das will, ein Lager, das nicht will, und ein Lager, das nicht so recht will, aber weiß, daß es irgendwie wollen muß. Grob läßt sich das auch quantifizieren: Die Veränderungsfraktion macht 30 Prozent der deutschen Männer aus, die Widerstandsfraktion 20 Prozent und die Fraktion der Zauderer 50 Prozent. Zu prognostizieren ist, daß sich dieses Verhältnis in nächster Zeit nur sehr langsam zum Besseren hin verändern wird.

Diese Annahme belegt auch die Studie von infas über die »Geschlechterrollen im Wandel«, die als Langzeituntersuchung den Zeitraum von 1975 bis 1985 verfolgt. Die Autoren stellen fest, daß einerseits die männliche Rolle trotz aller Veränderungen noch immer eine gewisse Stabilität besitzt, die sie vor der *schnellen* Erosion schützt und andererseits, »daß auf seiten der Frauen die Hoffnung auf große Lösungen und allgemeingültige Rezepte nachgelassen hat. Gefragt ist die Politik der kleinen Schritte. Den Männern wird es damit zweifellos leichter, Lippenbekenntnisse zur Mithilfe abzugeben, die in der Regel doch nicht sofort eingeklagt werden. Auch hier also eher nüchterne Einschätzung der Realität als langfristige Strategie.« Das haben offenbar auch die jüngeren Generationen der deutschen Männer erkannt und von daher den »drive« der Veränderung, der viele 35- bis 45jährige erfaßt hat, gebremst. Jedenfalls belegen unsere Ergebnisse in dieser Alterskategorie eine gewisse Stagnation, durchsetzt mit kleineren Rückschritten in bestimmten Bereichen von Geschlechterverhalten. Die Aufbruchstimmung der siebziger Jahre ist – zumindest leicht – abgeflaut.

In jedem Fall gibt es heute keine verbindliche Männlichkeit als wegweisenden Singular mehr. Auch Männlichkeit ist in der postindustriellen Gesellschaft ein Plural geworden: Es gibt nur noch Männlichkeiten.

— Die Bewußtwerdung der Männer

Veränderungsstrategien werden auf vier Ebenen ansetzen beziehungsweise weitergehen müssen: Die erste Ebene betrifft die eigentliche Männerszene (»Männerbewegung«), die zweite die Bewußtwerdung von Männern außerhalb der Männerszene, die dritte die Umformung von Institutionen und die vierte die öffentliche Auseinandersetzung um ein neues Männerbild.

Die *Männerszene* besteht im wesentlichen aus Männergruppen, Beratungsstellen, die gleichzeitig jeweils Treffpunkte für Männer (»Männerbüros«) sind, und aus vielerlei Aktivitäten von Seminaren, Vorträgen, Körperarbeit, Problemdiskussionen und politischen Initiativen. Wiewohl es inzwischen »Männerbüros« in nahezu allen größeren Städten der Bundesrepublik gibt, ist der Kreis regelmäßiger und gelegentlicher Teilnehmer noch klein. Die Männerszene stellt vorläufig ein avantgardistisches Unterfangen dar, das von einer Minorität getragen wird. Doch gerade als Avantgarde hat sie die gesellschaftliche Funktion, neue Wege aufzuzeigen und begehen zu helfen. In ihrem Zentrum stehen die sogenannten »Männergruppen«.

Volker Elis Pilgrim definiert Männergruppen oder Männerbefreiungsgruppen als »neue Lebenseinheiten, die dem Mann die Krise seines Selbstverständnisses zu überwinden helfen«. In diesen Gruppen bearbeiten die Männer ihre soziale Einsamkeit und ihr Konkurrenzverhältnis, das ihnen die Gesellschaft strukturell auferlegt. »Im erwachsenen Männerdasein kommt das Erlebnis einer Gruppe mit den spezifischen Gefühlen der Zugehörigkeit, des Zusammenhaltens und der Mitverantwortung nicht mehr vor. Der Mann wird in Beruf und Familie mit Alleinverantwortung strapaziert. Alles ruht auf *seinen* Schultern. In der Gruppe ist jeder Mann wie alle anderen für alle Geschehnisse gleich verantwortlich. ... Der Mann lernt, mit Männern zu leben, anstatt auf sie nur wie auf Reizauslöser zuzuzucken. Der Mann erfährt den anderen Mann vielschichtig, rückt ihn aus den Schablonen des Gegners und des latent Begehrten heraus. Er muß Gefühle für den Mann äußern, sonst funktioniert die Gruppe nicht.«

Sämtliche Erfahrungsberichte und wissenschaftlichen Auswertungen von Männergruppen verweisen auf das zentrale Erlebnis von gegenseitiger Hilfe, Solidarität, Wärme und Brüderlichkeit unter den Gruppenmitgliedern. Männer beschreiben, wie sie zum erstenmal in ihrem Erwachsenenleben anderen Männern nahekommen, ohne sich vor Konkurrenz, dem Eingeständnis von Schwäche oder anderen diffusen Männergefühlen fürchten zu müssen. In den Berichten wird deutlich, wie Gefühlsäußerungen, die eigentlich selbstverständlich sein sollten, vielen Männern in der Gruppe überhaupt erst zu Schlüsselerlebnissen werden. So schildert ein Teilnehmer mit bewegenden Worten, was es für ihn bedeutet, zum erstenmal einem anderen Mann sagen zu können, daß er müde oder ängstlich sei. Solche Bekenntnisse lassen mit der Zeit in den Gruppen ein Klima von Offenheit und Vertrauen entstehen, das dann auch die Basis für den Prozeß der »Selbstentblößung« bildet. Damit ist gemeint, daß die Männer ohne Scham über ihre Fehler, Schwächen, falschen Selbstbilder, Phantasien und Begrenzungen reden können. Diese schwierige Arbeit geschieht in einem Gruppenklima der Unterstützung und des Mitgefühls; der »beichtende« Mann weiß, daß er in jedem Moment die Gruppenmitglieder um Hilfe bitten kann. Nach der »Selbstentblößung« beginnt langsam der »Wiederaufbau« des einzelnen, der nun die falschen Anteile seines Selbst kennt und darangehen kann, aufgrund seiner wirklichen Bedürfnisse sich zu »restrukturieren«. Damit bieten sich für die Gruppenmitglieder auch Möglichkeiten, Lebenspläne zu ändern und neue Ziele zu formulieren. Mit Hilfe der Gruppe, so geht aus vielen Berichten hervor, ist es Männern gelungen, ihre Berufsperspektiven zu ändern, in Wohngemeinschaften mit anderen Männern zu ziehen, ihr Verhältnis zu Frau und Familie neu zu gestalten, ganz auszusteigen oder einen »exotischen«, im tiefsten, aber schon immer gewünschten Neubeginn zu wagen.

Diese Zusammenfassung verkürzt natürlich Entwicklungsprozesse, die drei oder auch mehrere Jahre dauern. Wayne A. Ewing unterscheidet in der Dynamik von Männergruppen sieben Stufen oder Problemkreise: Die erste betrifft die Selbsterkenntnis, an sich und in sich etwas verändern zu müssen. »Offen zu sein für Bedürfnisse und Nöte, sie zuzugeben und um Hilfe zu bitten, ist eine einzigartige und schockierende Erfahrung für Männer.« Die zweite Stufe ist gekennzeichnet durch das Erlebnis von Vertrauen, Intimität und Unterstützung in der Gruppe. Männer haben im sozialen Umgang mit anderen Männern nur Oberflächlichkeit, Einsamkeit, Wettbewerb, Leistung, Dominanz und Kontrolle kennengelernt; ihre Erfahrungen mit Männern waren bisher schmerzhaft, traurig, enttäuschend und oft sogar traumatisch. Nun lernen sie, zumeist das erste Mal in ihrem Leben, sich anderen Männern zu öffnen, Verletzungen und Schwächen einzugestehen und erleben dabei, daß die anderen ähnliche oder gleiche Erfahrungen machen mußten. Die dritte Stufe betrifft Problemlösungen. Auch hier müssen die Männer in der Gruppe umlernen. Sie haben gelernt, Schwierigkeiten logisch denkend anzugehen. Jetzt erkennen sie, daß sie zur Überwindung ihrer Probleme außer ihrem Kopf auch ihr Herz befragen müssen. In der vierten Stufe geht es um die Gefühle der Männer, die langsam lernen müssen, ihre Emotionen wieder zuzulassen, sie zu spüren, auf sie zu hören. Die fünfte Stufe betrifft die »bösen Gefühle« von Ärger, Wut und Feindseligkeit. Männer mußten in ihrer Sozialisation lernen, ihre negativen Gefühle zu unterdrücken, smart zu sein, ein Pokerface aufzusetzen. »Doch die Feuer der Wut schwelen direkt unter der Oberfläche der äußeren Fassade von männlicher Kontrolle und Selbstgenügsamkeit. Die Folgen der Anstrengung, Gefühle beherrschen und verstecken zu müssen, bleiben nicht aus; die Energie, die dafür aufgebracht wird, ist immens. Verspannte Körper und gespannte Stimmungen resultieren daraus.« In der Gruppe bedarf es keiner Kontrolle und keiner falschen Rücksichten, so daß die Männer lernen können, ihre negativen Gefühle auszudrücken und zu entdecken, was darin an Botschaften verborgen ist. Die sechste und die siebte Stufe sind problemzentriert und betreffen einerseits die Auseinandersetzung mit den Frauen im Leben der Männer und andererseits die Beziehungen zu Vätern und Söhnen.

Das alles verläuft nicht glatt und geht nicht ohne Schwierigkeiten voran. Die Erfahrungsberichte von Männergruppen dokumentieren Probleme mit der Fluktuation von Mitgliedern, Gefühlen von Eifersucht, Verklemmtheit und Frustration, dazu viele Ängste und Tendenzen, Widersprüche glätten zu wollen und Konflikte zu vermeiden.

Trotzdem überwiegen bei allen, die jemals in einer Männergruppe waren, die positiven Erfahrungen. Männer resümieren, daß sie als Männer ein neues Selbstbewußtsein entwickeln konnten. Zwischen der Herausforderung durch den Feminismus und der Entfremdung durch das traditionelle Männlichkeitsbild der Gesellschaft eingeklemmt, haben wir uns alle in einer Zone der Verunsicherung bewegt, die uns hilflos, larmoyant, aggressiv, diffus und ratlos hat werden lassen. Viele von uns konnten sich in Männergruppen wieder auf sich selbst und auf ihre wirklichen Bedürfnisse besinnen, authentisch werden und aus der Defensive treten. Jeder von uns hat in der Gruppe sein alltägliches

Verhalten, seine Eigenheiten und Eigenschaften überprüfen und dabei auch manches revidieren müssen. Aber auch diese Veränderungen haben uns sicherer gemacht, offener und toleranter gegenüber Frauen, Kindern, der Welt und der Natur.

Die *Bewußtwerdung von Männern* betrifft das Problem, die Männerdiskussion der eigentlichen Männerszene zu verallgemeinern, aus dem »Ghetto« bereits bewußter Männer herauszubringen und auch jene damit zu konfrontieren, die bisher die eigene Auseinandersetzung mit der männlichen Rolle vermieden oder verdrängt haben. Das ist ganz zweifellos der »Knackpunkt« der heutigen Männerfrage. Wenn der Schritt aus der Männerszene in den nächsten Jahren nicht gelingt, wird Männerveränderung, statt freiwillig und offensiv, nur auf Druck der Frauenbewegung erfolgen und zum zweiten die Männerszene selbst im eigenen Saft ertrinken. Damit sind Aktionen von Männern für Männer angesagt, die informieren, aufklären und vor allem auch neue Wege weisen. Die bloße Kritik an Männerwelt und Männerrolle – so berechtigt sie natürlich ist – führt bei Männern ins Leere, die sich mit der Problematik heutiger Männlichkeit noch gar nicht auseinandergesetzt haben. Der Zugang auf solche Männer ist nur sinnvoll, wenn er auch konstruktiv ist. Das wiederum heißt, daß die Kritik der männlichen Rolle mit Vorschlägen für Änderung, mit Alternativen, mit Lösungen und mit der Beschreibung möglicher anderer Lebenswege gekoppelt sein muß. Männern in Alltagswelten darf nicht nur vorgeführt werden, was sie an Verhaltensmustern, Gewohnheiten und Machtgebärden aufgeben sollten; gleichzeitig muß deutlich werden, was der Verzicht auf der anderen Seite an Gewinn neuer Freiheiten, Möglichkeiten und Lebensweisen bringt. Kritik allein verängstigt und verfestigt schon bestehende Abwehrhaltungen; die Darstellung von Alternativen macht hingegen nachdenklich, öffnet und zeigt Wege aus Frustration, Angst und Stagnation. Um an breitere Schichten von

Männern heranzukommen, braucht es allerdings auch andere Aktionsformen als Podiumsdiskussionen oder das Verteilen von gescheiten Flugblättern. Rollenspiele, Straßentheater und Informationsstände, die zum Beispiel über die Möglichkeiten von Teilzeitarbeit unterrichten, könnten mehr Männer erreichen.

— Gesellschaftliche Veränderungen

Die Männerszene muß sich Gedanken machen, wie sie veränderte Männerbilder in Schulen, Gewerkschaften und Parteien tatsächlich an den Mann bringt, damit sie mittelfristig auch zu greifen vermögen. Die Männerszene allein ist hier freilich überfordert. Wünschenswert wäre, daß zumindest Teile der Frauenbewegung ihre alten Feindbilder revidieren und mit der Männerszene zusammen an der Verwirklichung neuer Geschlechterverhältnisse arbeiten.

Sicherlich steht dieses Thema im Zusammenhang mit der erweiterten Problematik einer *Umformung unserer Institutionen*. Alle gesellschaftlichen Einrichtungen sind entsprechend einer jahrhundertelangen Männerherrschaft im tiefsten männergeprägt. Von daher ist es nötig, männliche Machtinszenierungen in Politik, Wirtschaft, Verwaltung und in ganz alltäglichen Ritualen zu entlarven und anschließend abzubauen, zu verringern und schließlich gänzlich abzuschaffen. Solange es noch nicht soweit ist, wird es – wie zum Beispiel die infas-Untersuchung vorschlägt – zunächst einmal konkret darum gehen, die Frauen zu entlasten: »Zu denken ist erneut an geänderte Kindergarten-Öffnungszeiten, Flexibilität von Arbeitszeit und -dauer, Tagesmütter, vielleicht gar andere Schulzeiten.« Solche kurzfristigen Strategien dürfen freilich das längerfristige Ziel des Umbaus der Männergesellschaft nicht verwischen.

Ein wichtiger Grundstein ist dabei die Forderung nach

einer neuen Verteilung der Arbeit zwischen den Geschlechtern. Wie unsere Daten dokumentieren, wächst dafür auch bei den Männern zunehmend die Einsicht und die Bereitschaft. Erwerbstätigkeit, Hausarbeit und Kindererziehung sind allerdings noch weit davon entfernt, gleichberechtigt aufgeteilt zu sein. Hier haben auch Staat und Wirtschaft die Verpflichtung, flexiblere Arbeitsmodelle zuzulassen; vorläufig behindern sie noch viel eher jene Männer und Frauen, die zum Beispiel teilzeitig erwerbstätig sein wollen, um sich bei der Hausarbeit und in der Kindererziehung ablösen zu können.

Die wirksamste Grundlage für späteres Geschlechterverhalten ist noch immer das Vorbild der Eltern, an dem das Kind unbewußt und nachhaltig lernt. Gefordert ist die *symmetrische Familie*, in der die Kinder erleben, wie Haus- und Erwerbsarbeit, Erziehung und Versorgung demokratisch zwischen Mutter und Vater aufgeteilt sind. Traditionelle Rollenzuweisungen von Vätern, die mit dem Arbeitslohn nach Hause kommen, und Müttern, die das Haushaltsgeld verwalten, von Ehemännern, die sich bedienen lassen, und Ehefrauen, die bedienen müssen, von Müttern, die für die Küche, und von Vätern, die für den Bastelraum zuständig sind, von Frauen, die die Kinder versorgen, und Männern, die das Auto pflegen, werden in der Symmetrie der Paarbeziehung hinfällig. Damit wäre nicht nur ein flexibleres Lernen von Kindern gewährleistet, sondern auch die Befreiung der Erwachsenen aus den eindimensionalen Aufgaben des materiellen Versorgers und der emotionalen Versorgerin der Familie. Dafür bedarf es allerdings der wirtschaftlichen, gesetzgeberischen und arbeitsorganisatorischen Regelungen.

Grundsätzliches muß im Bereich der Sozialisation und Erziehung verändert werden. Jungen muß gestattet sein, ihre Verletzlichkeit, ihre Traurigkeit, ihre Ängste, aber auch ihre Leidenschaftlichkeit auszuleben; Jungen müssen lernen, kooperativ, kommunikativ und solidarisch zu sein;

Jungen sollten Wege finden, ihre Aggressionen positiv zu besetzen. Homophobie und Misogynie darf es nicht mehr geben, damit Jungen freundschaftlich und vertrauensvoll mit Männern und Frauen groß werden können. Die bornierte Verteilung von Spielzeug muß ebenso abgeschafft werden wie das institutionalisierte Hindernisrennen für Männer, die Geburtshelfer, Krankenpfleger, Flugbegleiter, Kindergärtner, Raumpfleger, Sekretär oder Hausmann werden möchten.

Das Ziel ist eine Geschlechterflexibilität, wie sie Marc F. Fasteau entwirft: »Mädchen dürfen Baseball spielen und Jungen mit Puppen; Mädchen werden Jungen anrufen, um mit ihnen Verabredungen zu treffen, und Jungen werden nicht immer fürs Kino bezahlen; Mädchen werden lernen, Autos zu reparieren, und Jungen, Knöpfe an ihre Hemden anzunähen; Mädchen werden Mathematik und Naturwissenschaften mögen, und Jungen werden Ballett lernen und umgekehrt. Als Erwachsene werden die Frauen ihre Kinder zum Campen und Fischen mitnehmen, und die Männer kehren vorzeitig von der Arbeit zurück, weil ihre Kinder zum Arzt müssen; Frauen werden Reifenpannen beheben, und Männner wechseln Windeln; Frauen werden Architektinnen, Staatssekretärinnen, Arbeitsanwältinnen, Chirurginnen und Ingenieurinnen sein, und Männer werden als Sekretäre und Vorsteher von Stellen für Konsumentenprobleme arbeiten.«

Dazu bedarf es der stützenden Vorbereitung in *Familie und Schule*. Empirische Untersuchungen weisen aus, daß positive Veränderungen in der Geschlechtererziehung innerhalb der Familien zu bemerken sind, während sich in den Schulen wenig Fortschritte zeigen. Hier ist zu verlangen, daß die Curricula von geschlechtsspezifischen Ungleichheiten befreit werden und die Auseinandersetzung um neue Geschlechterbilder und -modelle ermöglichen, daß in Schulbüchern Männlichkeitsballast und geschlechtsspezifische Stereotypen ausgeräumt werden, daß Geschlechtererziehung zum obligatorischen Schulfach wird und daß die einzelnen Fächer, wie zum Beispiel der Sportunterricht, daraufhin geprüft werden, was sie direkt oder verborgen an Diskriminierungen, Konkurrenz und Männlichkeitsritualen enthalten. Umgekehrt sollten, wie es das ansatzweise in Skandinavien und in Österreich gibt, Jungen in Frauen zugewiesenen Fähigkeiten unterrichtet werden, zum Beispiel Kochen und Nähen.

Noch wichtiger ist aber, was im »heimlichen Lehrplan« des Schulalltags geschieht. Hier verlangen Forderungskataloge, daß den Jungen zugestanden wird, Gefühle zu zeigen, um Hilfe zu bitten, Fehler einzugestehen, und daß sie gelehrt werden, ihre Kameraden und Kameradinnen gleichermaßen zu schätzen, Konflikte gewaltfrei auszutragen und solidarisch zu sein.

Schließlich ist ein *neues Verständnis von Mutterschaft und Vaterschaft* erforderlich. Geneviève Delaisi de Parseval fordert, »dem Mutterleib eine angemessenere, das heißt weit geringere phantasmatische Bedeutung »zuzuerkennen und damit Raum zu schaffen für ein verändertes Erleben des Vaters«. Carolyn Heilbrun verlangt, Schwangerschaft und Geburt als Leistung und Verpflichtung von *zwei* Personen betrachten zu lernen. Damit sei auch »die Initiation des Mannes zu Intimität und Fürsorglichkeit« begonnen. Dorothy Dinnerstein notiert: »Und es wird eine weitere Veränderung geben: Wenn einmal die Vaterschaft ebenso wie die Mutterschaft frühe physische Intimität bedeutet, wird die Zeugungskraft des Mannes in ihrer Art ebenso wunderbar erscheinen, ebenso von alltäglicher Magie erfüllt sein wie die der Frau.«

Bruno Bettelheim ist überzeugt, daß die freiere Anerkennung des männlichen Wunsches, Leben hervorzubringen, uns Männer von destruktiven Kompensationen abhalten wird. Viele Väter und Männerforscher versprechen sich von einer positiven sozialen Bewertung der Vaterschaft eine humanisierende Wirkung auf die Gesamtgesellschaft. Die gestärkte Verantwortung des Mannes für seine Vaterschaft impliziert selbstverständlich auch seine entschiedene Verantwortung für Schwangerschaft und Verhütung.

Bewußtsein ist angesagt. Im täglichen Verhalten und in der Sprache muß Sexismus, das heißt die Herabsetzung des anderen Geschlechts, vermieden werden. Aber auch der Umgang mit dem eigenen Geschlecht muß sich solidarisch verändern. Herb Goldberg weist in diesem Zusammenhang darauf hin, daß Männer andere Männer nicht mehr als Feiglinge, Schwächlinge oder als Versager titulieren sollten. Wir haben unsere alltäglichen Handlungen daraufhin zu überprüfen, wie sehr sie traditionelles Geschlechterverhalten befestigen oder eben nicht. Stereotypen, Rituale und Konventionen müssen so oft wie möglich durchbrochen werden. Der Verstoß gegen Eingefahrenes schafft Aufmerksamkeit und Aufklärung. Dazu gehört auch, was schon langsam sichtbar wird: heterosexuelle Männer, die freundlich miteinander sind, die einander helfen, die sich berühren, anfassen, umarmen. Die Männer müssen versuchen, im alltäglichen Umgang miteinander Anonymität, Berührungsangst, Feindseligkeit und Konkurrenz zu überwinden.

Das Ganze ist aber auch ein politisches Problem. Es reicht nicht aus, den weiblichen Zugang zur Macht zu konzeptualisieren – obwohl auch das nur partiell und halbherzig geschehen ist –, ohne die männliche Teilung der Macht mitzugestalten.

Die Forderungs- und Maßnahmenkataloge zur Gleichstellung der Geschlechter beschreiben zwar Wege der Frauenförderung, stellen aber umgekehrt keine Konzepte dar, wie männliche Herrschaftsformen abgelöst werden können. Wenn dies überzeugend geschehen soll, muß Männern konstruktiv verdeutlicht werden, warum eine Teilung von Macht historisch vonnöten ist und welche menschlichen Vorteile sie daraus auf Dauer gewinnen können. Doch solche Konzeptionen fehlen ebenso durchgängig in der frauendominierten Gleichstellungspolitik wie Instrumentarien der Veränderung auf seiten der Männer. Es gibt weder Maßnahmen noch Förderungspläne, um Männer in den Bereichen von Haushalt, Kindererziehung und anderen »privaten« Aufgaben verstärkt anzusiedeln. Der dialektische Beitrag der Männerfrage zur Frauenbefreiung ist der offiziellen Politik bislang verborgen geblieben – jedenfalls ist er nicht politisch problematisiert worden. Im Gegensatz zu Skandinavien fehlen in Deutschland auch Konzepte zur Männerbildung; es gibt nur Frauenbildung.

So ist denn nicht verwunderlich, daß die Lösung der Frauenfrage stagniert. Solange der »Gegner« im Geschlechterkampf seine Positionen behält und als veränderungswürdiger Ansprechpartner nicht einmal wahrgenommen wird, werden Männer weiterhin blockieren, uneinsichtig bleiben und keine neuen Perspektiven für sich sehen wollen. Viele Ereignisse der jüngsten Zeit dokumentieren dies auf schon makabre Weise: spektakulär die Quoten-Entscheidung des Europäischen Gerichtshofes und die Ablehnung des Frauen-Quorums auf dem CDU-Parteitag 1998; unspektakulär, aber dafür noch weitreichender die substantiellen Haushaltskürzungen für Frauenförderungsmaßnahmen und -projekte sowie die Zurückbindung oder Entlassung von Frauen- und Gleichstellungsbeauftragten. Die Rezession der Frauenpolitik ist unübersehbar.

Wie die sukzessiven Erfolge der Frauenpolitik in Skandinavien belegen, lassen sich Fortschritte bei der Demokratisierung der Geschlechterverhältnisse nur durchsetzen, wenn auch die Bedürfnisse der Männer berücksichtigt werden. Frauenpolitik muß also durch Männerpolitik ergänzt werden. Frauenpolitik hat langfristig keine Chance, ihre Postulate zu verwirklichen, wenn sie nicht von einer emanzipatorischen Männerpolitik begleitet wird.

Schließlich ist *die öffentliche Auseinandersetzung um ein neues Männerbild* vonnöten. Das betrifft die Darstellung von Männern in Schulbüchern, Massenmedien, der Werbung – um nur einige Beispiele zu nennen. Es meint aber noch viel mehr eine kritische Diskussion des männlichen Eigenschaftsprofils, das Politik, Wirtschaft und Verwaltung vertreten: Was wird hier noch von Männern verlangt? Wie zeitgemäß sind diese Anforderungen? Welche Hindernisse stellen diese öffentlichen Rollen auf dem Wege der Männer zu ihrer Veränderung dar? Das »Bundesministerium für Jugend, Familie, Frauen und Gesundheit« sollte nicht nur auf Werbeflächen die neue Rolle der Frau vorstellen, sondern auch Möglichkeiten qualitativ anderen Mann-Seins plakatieren.

Für ein verändertes Männerbild

Galten Männer früher in der Öffentlichkeit als Helden, Beschützer und Ernährer, so hat sich dieses einst positive Bild in den vergangenen fünfzehn Jahren ganz entschieden ins Negative verkehrt. Heute ist den Männern ein ausgesprochen finsteres Image eigen. Ein Beispiel für dessen besonders eifrige Verbreitung sind die beiden österreichischen Sozialwissenschaftlerinnen Cheryl Benard und Edit Schlaffer; in fast einem Dutzend Bücher propagieren sie ein gänzlich dunkles Sittenbild heutiger Männlichkeit. In ihrem Bestseller »Der Mann auf der Straße« weisen sie den Männern pauschal die folgenden nachgerade stigmatisierenden Eigenschaften zu:

»Ihre immer gleichen Witze sind langweilig.
Sie sind ständig beleidigt, gekränkt oder zornig.
Sie fühlen sich immer herabgesetzt.
Sie wieder zu beruhigen und psychisch wiederaufzubauen, ist anstrengend und zeitraubend.
In manchen Firmen wird ein Großteil der Arbeitszeit damit aufgebraucht. Das ist ineffizient und unwirtschaftlich.
In manchen Ehen wird für Marionettenspiele und Therapie sehr viel Energie aufgewendet.
Das ist anfangs, vielleicht, unterhaltsam, später aber lästig.
Unter sich sind sie hilflos.
Sie verfallen in hysterische Zustände.
Glotzäugig und heiser starren sie Kellnerinnen nach und

brüllen einander an. Ständig reden sie über Busen und Beine. Sie kaufen sich Bilderbücher, in denen sie selbige anschauen können.
Manchmal stundenlang.
Wenn sie nicht bekommen, was sie haben wollen, klopfen sie auf den Tisch und rufen Sätze wie:
Hier habe immer noch ich die Hosen an!
Diese modischen Hinweise sollen dazu beitragen, eine Konfliktfrage zu lösen.
Oder sie sagen:
Schließlich bringe ich das Geld nach Hause.
Sie sind oftmals sehr unausgeglichen.
Es muß schwierig sein, als Person dieser Art durchs Leben zu gehen.«

Doch selbst Männer beschreiben heute von ihren Geschlechtsgenossen keine positiveren Bilder. Auch hier sei auf ein populäres Beispiel verwiesen; der Berliner Psychotherapeut Wilfried Wieck wirft in seinem Buch »Männer lassen lieben« der männlichen Spezies vor, eigentlich lebensunfähig zu sein. Deshalb funktionalisierten sie die Frauen für ihre Existenzerhaltung und ihren Selbstwert.

»Arbeit und berufliche Erfolge geben Männern nicht genügend Identitätsgefühl. Ohne ihre Frauen würden sie psychisch noch stärker verelenden. Sie könnten nicht einmal mehr ihrer Arbeit nachgehen, ganz zu schweigen von anderen Lebensaufgaben.«

Der Mann hat kein wirkliches Verhältnis zur Frau; zu einer tragenden und inhaltlich erfüllten Beziehung ist er unfähig; er benutzt die Frau nur für seine egoistischen Zwecke.

»Alle Männer wissen, daß sie im sexuellen Drang auf die Frau angewiesen sind! Sie begehren fast jede Frau auf der Straße. ... Männliche Sehnsucht konzentriert sich auf Begehrlichkeit, Erotik und auf den Orgasmus. Weil es von der Natur so bestimmt sei, meint der Mann ohne Peinlichkeit, ein Recht darauf zu haben. Worauf er aber ein Recht hat, das darf ihm niemand nehmen, schon gar nicht die Frau. Das verschafft er sich, notfalls mit aggressivem Nachdruck und mit Gewalt.«

Außer seiner Arbeitsleistung und dem entsprechenden Äquivalent kann der Mann weder sich selbst noch der Frau viel bieten. Alles, was das Leben reizvoll, farbig und damit schließlich lebenswert macht, erhofft der Mann nur folgerichtig vom anderen Geschlecht. Die Haltung des Mannes gegenüber der Frau ist die der Erwartung, der Forderung, der Abhängigkeit, ja der Sucht. Wieck bemerkt: »Der Mann braucht das erotische und ästhetische Stimulans der Frau. Sie soll schön sein, angenehm und zart. Sie soll Jugend, Frische und Reinheit darstellen. Obendrein soll sie Lust und verführerischen Reiz bieten. Sündhaftigkeit wird ebenfalls verlangt, je nachdem, wie dem Gelangweilten und Unbefriedigten gerade zumute ist. In seelischer Not, wenn er unzufrieden ist, sich überfordert, sich unwohl fühlt und kränkelt, muß sie einspringen. Er mag murren und verdrießlich sein, brummig und verstockt, aber er erwartet, daß sie mit ihm geduldig und nett umgeht.«

Solche Kritik an den Männern und der Männlichkeit korreliert heutzutage mit dem Lob der Frauen und der Weiblichkeit. Einst gescholtene, häufig belächelte und in jedem Fall abgewertete Eigenschaften wie Gefühle zeigen, Mitleid, Hingabe, Schwächen eingestehen, Anteilnahme, Offenheit und Einfühlungsgabe werden plötzlich hoch geschätzt, ja vorgestellt als jene Werte und Tugenden, die unsere Welt als einzige vor dem nuklearen Untergang oder dem ökologischen Kollaps zu bewahren vermögen. Doch damit nicht genug. Populäre Autoren sind sich mit wissenschaftlichen vorbehaltlos einig, daß auch die Rettung des Mannes selbst von der Entdeckung und Übernahme der bezeichneten weiblichen Qualitäten abhänge. Unisono verurteilen sie im gleichen Atemzug, was uns bis dahin an männlichen Eigenschaften zugeschrieben worden ist und was wir dementsprechend auch realiter umgesetzt haben.

Selbst dort, wo Männer Veränderungsprozesse zu leben beginnen, haben sie derzeit keine gute Presse. Häufig werden sie belächelt, nicht ernst genommen und karikiert.

Lieber Jesus als Hitler

Die amerikanische Zeitschrift »Psychology Today« fragte je 500 Leserinnen und Leser nach ihrer Vorstellung vom idealen Mann.[8] Beginnen wir mit dem, wovon sich die Befragten negativ absetzen. Alptraum-Männer sind für Frauen und Männer Adolf Hitler, Ronald Reagan, Richard Nixon, Jim Bakker, Khomeini, Donald Trump, Charles Manson. Mit diesen Figuren aus dem Zeitgeschehen verbinden die Befragten Egozentrik, Unmoral, Gewalttätigkeit, Unsensibilität, Dummheit, Bigotterie und Habgier. All das wollen sie nicht mehr.

Der gewünschte Mann sieht vielmehr Sinn und Wert seines Lebens im Streben nach folgenden Qualitäten: Selbsterfahrung und Persönlichkeitsentfaltung, Familie, Hilfsbereitschaft, Religion, Arbeit und künstlerische Tätigkeit. »Der ideale Mann denkt also über sich selbst nach und ist in erster Linie ein Familienmensch. So sollte er auch durchaus einen lukrativen Job ablehnen, wenn der ihm nicht genügend Zeit für die Familie läßt, meinen über die Hälfte der Befragten. Dennoch: Als Hausmann ist der Idealtyp schwer vorstellbar. Die Mehrheit läßt ihn immer noch den Ernährer der Familie sein.«

Idealmänner sind für die Frauen – in dieser Reihenfolge: Jesus, Gandhi, Tom Selleck, Lincoln, Paul Newman und Martin Luther King. Die Männer entschieden sich für: Jesus, Gandhi, John F. Kennedy, Abraham Lincoln, Martin

8 Psychology Today, Nr. 11/1989; eine deutsche Zusammenfassung, aus der auch zitiert wurde, in: Psychologie heute, Nr. 3/1990.

Luther King und Thomas Jefferson. »Ideal« sind diese männlichen Persönlichkeiten, weil sie nach Meinung der Befragten sorgende und liebende Menschen sind (oder waren), intelligent, moralisch, feinfühlig, familienorientiert und mutig handeln (oder gehandelt haben).

Beide Geschlechter optieren damit für einen Mann, der seine Männlichkeit durchaus bewahrt und handelnd offenbart, aber nicht seinen Willen egoistisch durchsetzt. Männlichkeit soll viel mehr in als weiblich etikettierte Eigenschaften wie Sensibilität, Empathie, Hilfsbereitschaft und Offenheit eingebettet sein.

So sehen es im wesentlichen auch die deutschen Männer. Für eine androgyne Alternative können sich nur ganz wenige begeistern. Die deutschen Männer wollen den Geschlechterunterschied; sie wollen, daß Männer Männer bleiben und Frauen Frauen. Nur das scheint ihnen die gesunde und erotische Spannung zwischen den Geschlechtern zu ermöglichen. Männliche Identität – wie umgekehrt auch weibliche – gibt es für den deutschen Mann nur dort, wo es auch den Unterschied gibt. Die Geschlechterdifferenz beinhaltet die Anerkennung biologischer Grenzen und dessen, was daraus an Genuß von Reiz, Aufregung, Neugier, Erotik, Herausforderung und Sexualität zu entstehen vermag. Die Geschlechterunterschiede sind aber keine sozialen Grenzen mehr: Die große Majorität der Deutschen spricht sich für Gleichberechtigung, Gleichstellung, gleiche Chancen und gleiche Möglichkeiten *beider* Geschlechter aus.

Klar und flexibel

Albert Camus beschreibt in seinem Roman »Die Pest«, wie in den vierziger Jahren unseres Jahrhunderts in Oran eine furchtbare Seuche ausbricht, die die algerische Stadt vollständig ergreift und bald sogar von der Außenwelt völlig abschneidet. Angesichts der Epidemie sehen sich mehrere der ausschließlich männlichen Hauptfiguren des Romans vor die existentielle Alternative von Flucht oder Kampf gestellt. Diejenigen, die sich wie Dr. Rieux, Tarrou oder Rambert dafür entscheiden, der Pest Widerstand zu leisten, riskieren ihr Leben, ihre Liebesbeziehungen und ihre Zukunft zugunsten des kollektiven, vielleicht auch höheren Wertes der Rettung menschlicher Ordnung. Implizit und explizit werden dem männlichen Leitbild in Camus' Roman folgende Tugenden zugeschrieben: Mut, Ausdauer, Willenskraft, Risikobereitschaft, Grenzüberschreitung, Innovation, Verantwortung, Ehrlichkeit und Verständnis.

Welche Attribute weist die Männerliteratur dem Leitbild von Männlichkeit zu? Wir erfahren: Das männliche Leitbild wird von gewollter Kulturarbeit bestimmt; der Mann will die Welt verändern. Er entwirft Pläne und setzt sie ebenso intentional wie konsequent um. Dem Männlichen reicht es nicht aus, sich von der Natur tragen zu lassen. Der Archetypus des Männlichen enthält Stärke, Standhaftigkeit, Mut, Beharrlichkeit, Heldentum und Fortschritt. Der Mann geht ins Unbekannte hinaus und schafft Kulturland. In der Auseinandersetzung mit Neuem gewinnt er Freiheit und Unabhängigkeit. In seinem Buch »Der wilde Mann« ordnet der deutsch-amerikanische Franziskaner Richard Rohr dem Mann generell eine innere Autorität zu, das Gefühl, etwas zu initiieren, Energiespender zu sein und Samenträger. »Männlichkeit heißt, unterwegs sein zu Neuem. Der Mann muß Berge besteigen, Unbekanntes erforschen. Die Sicht des Mannes reicht immer weiter als bis zum eigenen Ich, zum eigenen Heim. Deshalb gehört in der Mythologie zum ›Helden‹ immer die Opferbereitschaft.«

Wie füllt Männerforschung das Leitbild von Männlichkeit? Helmut Barz bezeichnet das Männliche als unterscheidend, planend und aggressiv. Es sei nicht durch natürlichen Rhythmus und Wandlung bestimmt, sondern erstrebe aktiv herbeigeführte und notfalls erzwungene Veränderung. Michael Kaufmann und seine männerforschenden Kollegen bestehen auf den »vielen Qualitäten, die mit Männlichkeit verbunden sind: unser sexuelles Verlangen, unsere physische und emotionale Kraft, unsere Fähigkeit, unter Anstrengung tätig zu sein, unser Mut, ... unsere Hingabe an eine Aufgabe.« Joachim Bodamer beschreibt Männlichkeit als eine Haltung, um die gerungen werden müsse; sie beinhaltet Verantwortlichkeit, Ethos, Härte gegen sich selbst, Aktivität, Willenskraft und seelisches Wagnis. Robert Bly bezieht auf die männliche Kraft Ausstrahlung, Tatendrang, Entschlossenheit, Sicherheit, Autorität und eine positiv besetzte Macht, welche sich in den Dienst der Gemeinschaft stellt.

Die Männerbewegung ist noch immer eine Suchbewegung nach einer neuen und vor allem praktikablen Idee von Männlichkeit. Lange haben wir in feministischen Büchern danach gesucht, ohne wirklich fündig zu werden. Deshalb ist mein Vorschlag, sich einmal der männlichen Geschichte zuzuwenden, die ja nicht nur Napoleons, Hitlers und Karadzics hervorgebracht hat. Da gibt es zum Beispiel einen Sokrates mit der entschlossenen Treue zu sich selbst, da gibt es die Friedfertigkeit eines Gandhi, da gibt es Spartakus oder Danton mit ihrem Rebellentum gegen Ungerechtigkeit, da gibt es einen Franz von Assisi mit seinem Mitgefühl und seiner sozialen Verantwortung und da gibt es die Demut von Christus oder von Buddha, also das Wissen, in größeren Zusammenhängen eingebunden zu sein, Höheres und Größeres akzeptieren zu müssen als nur sich selbst.

Das führt weg von diesem männlichen Heldenmythos des Homo faber, der glaubt, daß alles machbar ist und auch alles gemacht werden muß – vom Donauschiffahrtskanal bis zum Atomversuch im Pazifik.

So gesehen habe ich auch nichts gegen moderne Helden und mache sie heute aus bei Greenpeace, Robin Wood,

Amnesty International, den Bürgerinitiativen und den Hilfsorganisationen in der Dritten Welt.[9]

Vielleicht noch wichtiger sind heute die männlichen Helden im Alltag, jene, die statt egoistisch nach Karriere, Handy und Ferrari zu streben, sich um ihre Familie kümmern, ihre Frauen unterstützen, mitverantwortlich sind in der Hausarbeit und bei der Kindererziehung.

In diesem Sinne hat die Männerbewegung auch eine Beschreibung des neuen Mannes geliefert, wie sie Anthony Astrachan zusammenfaßt:

»Nach meiner Definition hat der neue Mann die meisten traditionell männlichen Geschlechterrollen und den Versuch, die Macht zu monopolisieren, aufgegeben oder überwunden. Er besteht nicht mehr darauf, der einzige oder dominante Verdiener des Familieneinkommens zu sein und weigert sich, zum Sklaven seiner Arbeit zu werden, obwohl er Kompetenz und Leistung schätzt. Er glaubt daran, daß Männer ebenso gefühlvoll sind wie Frauen und lernen sollten, ihre Gefühle auszudrücken. Er ist fähig, über seine eigenen Probleme und Schwächen zu reden. Der neue Mann unterstützt die Suche der Frauen nach Unabhängigkeit und Gleichheit nicht nur verbal. Er setzt sich an seinem Arbeitsplatz für gleichen Lohn, für gleiche oder vergleichbare Arbeit und für gleiche Beförderungschancen seiner Kolleginnen ein. Er nimmt seinen Beruf nicht wichtiger als seine Familie.

Ist er verheiratet, gesteht er der Karriere der Frau die gleiche Bedeutung zu wie seiner eigenen und einigt sich über Versetzungen, die eine Beförderung bedeuten oder darüber, wer beim kranken Kind zu Hause bleibt. Der allerwichtigste Punkt ist allerdings, daß er die halbe Verant-

9 Wenn ich bei diesen Gruppierungen genauer hinschaue, entdecke ich mehr Heldinnen als Helden. Auch dies ist sicher ein Symptom für die Veränderungen der Geschlechter und auch für die moralische Krise der Männlichkeit.

wortung für die Hausarbeit und die Kindererziehung zusätzlich zur Hälfte der Arbeit übernimmt.«

Dies dürfte am ehesten der Mann der Zukunft sein: beziehungsfähig, familienfreundlich und trotzdem männlich. An diesem Bild sollten sich auch Fraktionen der Männerbewegung orientieren, die noch zu sehr auf alte Bilder von Heldentum und Abenteurergeist fixiert sind. Dieser »mythopoetische« Mann ist in der hochkomplexen, arbeitsteiligen Gesellschaft ein Anachronismus.

Schluß: Ambivalente Männlichkeit

Es kann kein Zweifel bestehen: Bei den Männern hat sich viel getan. Aber es gilt auch: Das, was sich getan hat, ist noch nicht genug. Wie man die Entwicklung wertet, hängt vom eigenen Standpunkt ab. Die radikale Feministin wird – gemessen an ihren Zielvorstellungen – die Veränderungen der Männer als unbefriedigend bezeichnen. Der männerfreundliche Soziologe muß den Ist-Stand – verglichen mit den siebziger oder sechziger Jahren – als Fortschritt einstufen. Auch er wird sich mit dem Erreichten nicht zufriedengeben, aber – mit Empathie gegenüber den eigenen Geschlechtsgenossen – darauf hinweisen, daß Verkrustungen nicht über Nacht aufbrechen und sich das Patriarchat nicht im Hau-Ruck-Verfahren zur Geschlechterdemokratie verwandelt. Das Motto heißt also wohl: Veränderungen anerkennen und auf dem Boden des Erreichten neue Ziele setzen. Die Richtung ist dabei von der geschichtlichen Entwicklung vorgegeben: Zwischen den Geschlechtern müssen egalitäre Verhältnisse entstehen. Dabei haben Männer Verantwortung in der Familie und Frauen Verantwortung in der Öffentlichkeit zu übernehmen. Das bedeutet einen Macht- und Privilegienverzicht der Männer in der Öffentlichkeit und ebensosehr einen Macht- und Privilegienverzicht der Frauen im Privaten. Damit verändern sich die Beziehungen zwischen den Geschlechtern, ihr Austausch und ihre Arbeitsteilung sowie die gesellschaftlichen Bilder von Frauen und Männern.

Ist die Herrschaft der Männer zu Ende? Viele meinen es. Elisabeth Badinter zum Beispiel beschreibt in ihrem Buch »Ich bin Du« den Sturz des Patriarchats. Anzeichen dafür gibt es in der Tat: Feminismus und Frauenbewegung fordern die Männer strukturell und individuell heraus; die Frauen drängen massiv in die Berufswelt und machen dabei auch vor Bastionen nicht halt, die noch bis vor kurzem als unerschütterlich männlich galten; Frauen als Präsidentinnen, Spitzenpolitikerinnen, Gewerkschaftsvorsitzende und Managerinnen gehören inzwischen ebenso zum öffentlichen Bild wie die Frau, die eine Straßenbahn lenkt, ein Auto repariert oder ein Flugzeug steuert. Nur der Gedanke in die Zeit zurück verdeutlicht, wie solch Ungewöhnliches, für die meisten Undenkbares und für viele Anstößiges sich innerhalb weniger Jahre vollzogen hat.

Nichtsdestoweniger ist das vielzitierte Wort von Elisabeth Badinter vorerst nicht mehr als eine Tendenzaussage; es beschreibt die Richtung und umreißt die Perspektive, nicht aber die gegenwärtige Wirklichkeit als solche. Der sorgfältige Blick auf die Realität der Machtverteilung in unserer Industriegesellschaft weist klar aus, daß die wichtigsten Positionen in Politik, Verwaltung, Wirtschaft, Wissenschaft und Kultur noch immer mehrheitlich von Männern besetzt gehalten werden, daß Männer von den gegebenen Machtverhältnissen statusmäßig und materiell profitieren und daß Männer sogar in den Bereichen noch mehr verdienen, in denen sie die gleiche Arbeit leisten wie Frauen. Unsere gesellschaftlichen Verhältnisse werden also nach wie vor von geschlechtsspezifischer Ungerechtigkeit geprägt. So lange sich daran *grundlegend* nichts ändert, wird der Geschlechterkampf anhalten, in dem Frauen und Männer vielfach privat austragen, was eigentlich gesellschaftlich bedingt ist.

Gemessen an vergangenen Jahrzehnten sind die deutschen Männer partnerschaftlicher, demokratischer und kooperativer geworden. Auch wenn vieles davon erst kognitiver Fortschritt ist, der noch auf seine praktische Umsetzung in der Politik wie im Haushalt wartet, ist diese Entwicklung positiv zu werten und gemäßigter Optimismus angesagt.

Die Gegentendenzen haben wir nicht verschwiegen. Auf ihre Gefährlichkeit soll nochmals hingewiesen werden. Insbesondere in der unteren Unterschicht gibt es ein Potential von gewalttätigen, reaktionären und frauenfeindlichen Männern, das gesamtgesellschaftlich noch unterschätzt wird. Dabei häufen sich die Meldungen aus diesem Milieu über Kriegsspiele, Vergewaltigungen, Morde und Mißhandlungen und vor allem rechtsextremistische Ausschreitungen.

Das alles ist schon heute alltägliches Geschehen. Es wird noch zunehmen, noch gewalttätiger und entsetzlicher werden, wenn seine Ursachen nicht bald an der Wurzel gepackt werden.

Was ebenfalls zur Sorge Anlaß gibt, sind die Auswirkungen, die der Anschluß der DDR an die Bundesrepublik und die Öffnung nach Osten auf die Männerfrage haben. Weder in der DDR noch in Osteuropa hatte sich herumgesprochen, daß es so etwas wie eine Männerfrage überhaupt gibt. Die männliche Rolle war hier noch unbefragt und unreflektiert, der Zusammenhang von Frauenfrage und Männerfrage nicht hergestellt. Männliche Verhaltensmuster bewegten sich auf dem Standard unserer fünfziger Jahre. Solche Feststellungen haben mit Arroganz nichts zu tun, sondern sind das Ergebnis ganz nüchterner Wirklichkeitsbetrachtung. Rückwirkungen auf die Geschlechterverhältnisse der Bundesrepublik werden dabei nicht ausbleiben. Das machistische Potential aus der DDR und von osteuropäischen Zuwanderern wird unzweifelhaft einen »backlash« in der Geschlechterfrage provozieren. Ganz direkt wird die Front reaktionärer Männer in der Bundesrepublik gestärkt.

Vermehrt schwemmen die globalen Migrationsbewegungen Männer aus Osteuropa, Asien und Schwarzafrika zu uns, die mit dem Gewohnheitsrecht aufgewachsen sind, ihre Frauen als Objekte zu behandeln. Die Gewalttätigkeit junger Immigranten nimmt zu. Auch in diesem brisanten Bereich wird politisch und pädagogisch fast nichts getan.

Das größte Problem ist aber gegenwärtig mit Sicherheit die männliche Orientierungskrise, die sich am eindeutigsten in der unteren Unterschicht zeigt. Was hier aus materieller Beschränkung, mangelhafter Ausbildung, emotionaler Not und Hilflosigkeit männlich überkompensiert wird und sich dann in Brutalität, Vorurteilen, Ausschreitungen und Mißhandlungen entlädt, muß dringend politisch, sozial und sozialpädagogisch angegangen werden, bevor es zu spät ist.

Ohne zu verallgemeinern oder gesellschaftliche Tatsachen zu vergröbern, läßt sich konstatieren, daß das Frauenbild unserer Tage wesentlich positiver ist als – auf der anderen Seite – das Männerbild. Und weiter: Es gibt heute ein kohärentes, begründetes, vorwärtsgewandtes und damit auch offensives Frauenbild, während umgekehrt nur noch Versatzstücke eines Männerbildes vorhanden sind – inkohärent, torsohaft, fragmentarisch, entwertet, nicht mehr überzeugend und vor allem: defensiv.

Die Gesellschaft hat die männliche Wirklichkeit verändert, hält aber gleichzeitig die traditionelle Rollenerwartung an die Männer aufrecht; sie sollen konkurrieren, hart und stark sein, Streß aushalten, nach Erfolg streben, sich Niederlagen nicht anmerken lassen und um Macht kämpfen. So ergibt sich für den Mann unserer Gegenwart ein kaum auszuhaltender Widerspruch zwischen der Ideologie traditioneller Männlichkeit und verwandelten gesellschaftlichen Strukturen. Das führt zu einer paradoxen Situation, die sich an alltäglichen Beispielen beschreiben läßt: Es wird öffentlich der »neue« Mann gefordert, aber wer prangt auf Nachrichtenmagazinen, Illustrierten und Wirtschaftszeitschriften? Der Aufsichtsratsvorsitzende, der Spitzenpolitiker, der Großbankier, der Popstar und der Tennis-Champion.

Bemerkenswert ist auch, daß in einer Epoche, in der die Grenzen und Defizite traditioneller Männlichkeit so deutlich wie noch nie geworden sind, sich ausgerechnet Supermänner auf der Leinwand in nachgerade exzessivem Maße austoben. Gewiß kann hier entgegnet werden, daß das quasi eine Kompensation für das andere sein soll. Doch so einfach ist es nicht, weil gerade in der »vaterlosen Gesellschaft« die Supermänner des Kinos als Identifikationsobjekte hoch willkommen sind.

In der Tat wird die Veränderung der Männer dadurch immens erschwert, daß keine gesellschaftlichen Vorbilder angeboten werden, an denen der Mann sich positiv abarbeiten könnte, das heißt, sich auseinandersetzen, sich formen, sich orientieren, um den eigenen und vielleicht neuen Weg zu finden. Doch es kommt noch schlimmer: Die Diskrepanz zwischen dem ideologisch gesetzten Männerbild und einer längst veränderten Realität schafft bei Männern Unsicherheit und Angst. Um beides in den »Griff zu bekommen«, wird überkompensiert: Männer greifen auf eine ausgesprochen zwanghafte Männlichkeit zurück, um – so paradox sich das auch anhören mag – ihre bedrohte Männlichkeit zu retten. Geschwindigkeits- und Alkoholexzesse, Brutalität gegen Frauen und Kinder, Schlägereien mit Geschlechtsgenossen, Ausschreitungen in Sportarenen, Kraft- und Schönhubers sind aktuelle Beispiele dafür.

Aufgrund des *Widerspruchs* zwischen der traditionellen Männlichkeit und den veränderten gesellschaftlichen Bedingungen steht der moderne Mann in einer schwierigen Situation von *Rollenunsicherheit.*

Wie sieht dies aus und welche Folgen hat es? Die alten Rollen taugen nicht mehr so richtig, und neue, die auch verbindlich wären, gibt es derzeit noch nicht. Dementsprechend uneinheitlich sind die Rollenerwartungen an die heutigen Männer. Im Erwerbsleben wird zumeist noch die

»alte« Männlichkeit verlangt, im Privatleben oft eine »neue« von Offenheit, Weichheit und Verständnis. Meist ist die Konstellation, in der wir Männer uns heute befinden, indes noch heikler. In zunehmend mehr Berufsbereichen fordert die Tätigkeit als solche Kommunikation, Intuition, Flexibilität und Teamgeist, auf der anderen Seite aber fordert die berufliche Hierarchie – Aufstieg und Erfolg – nach wie vor Stärke, Konkurrenz und die brutale Fähigkeit, seine Ellbogen einzusetzen. Auch im Privat- und Intimbereich ist es längst nicht so einfach, wie es scheint, und nicht so eindeutig, wie das die Frauen erklären. Der »weiche« Mann ist – wie genügend männliche Erfahrungsberichte dokumentieren – allenfalls partiell angesagt. Vor dem Softie, dem kindesbezogenen Vater, dem Hausmann gar verliert selbst die emanzipierte Frau den Respekt, wenn der Erfolg in der Außenwelt ausbleibt, der Statusverlust droht, die männliche Herausforderung hinter Küchentuch und Staublappen verschwindet. Auch in der Sexualität ist Zärtlichkeit nicht alles. Kaum hat der einst schnell zupackende Mann sein erotisches Arsenal entdeckt, wird er bereits als Zauderer und Langweiler verspottet.

Ein Bekannter, der in einer Schweizer Bank arbeitet, erzählte mir vor geraumer Zeit von folgender Erfahrung: Vor einigen Jahren hatte er sich einem Südafrikageschäft widersetzt, das ihm weder politisch noch ökonomisch koscher erschienen war. Mit dem Umstand, daß er sich nicht durchsetzen konnte, wurde er ohne größere Schwierigkeiten fertig. Was ihn allerdings furchtbar ärgerte, war die Tatsache, daß seine Argumente überhaupt nicht berücksichtigt wurden. Die Borniertheit seiner Vorgesetzten, nur nach der Höhe des Kredits und den zu erwartenden Zinsen zu urteilen und für alle politischen und sozialen Rahmenbedingungen dieses Geschäfts blind und taub zu sein, erregte ihn dermaßen, daß er am Ende der Sitzung das Konferenzzimmer weinend verließ. Seine Tränen – männliches Wasser – bildeten wochenlang einen bevorzugten

Gesprächsstoff unter Kolleginnen und Kollegen. Mein Bekannter wurde zum Opfer von Gespött. Vier Jahre später wurde er noch einmal schmerzlich an dies Erlebnis erinnert: Bei einer Beförderung überging man ihn und zog einen weniger kompetenten Konkurrenten vor. Hinterher erfuhr er, daß seine Tränen von damals den Ausschlag gegeben hatten; er war für zu wenig belastbar befunden worden.

Man kann dieses Beispiel verallgemeinern und feststellen: Wer sich nicht an die bestehenden Regeln und Normen der jeweiligen Geschlechterrolle hält, muß damit rechnen, daß sein nichtkonformes Verhalten gesellschaftlich bestraft wird. Empirische Untersuchungen zeigen, daß die Gesellschaft dabei männliches »Fehlverhalten« deutlich negativer sanktioniert als das von Frauen.

Das bedeutet: *Männlichkeit ist kein freiwilliger Definitionsakt von irgendwelchen Männern*, die sich an irgendeinem Ort zusammenfinden, um irgendeine Begriffsbestimmung dessen, was sie gerade zufällig als männlich empfinden, auszuhecken. Männlichkeit ist vielmehr eine *tradierte gesellschaftliche Festlegung* von Werten, Verhaltensweisen und Zielen, die durch eine vielschichtige Dynamik von Institutionen wirkt: wie etwa Familie, Schule, Arbeit, Militär, Kirche, Massenmedien, Sport. Der einzelne Mann ist in diese gesellschaftliche Festlegung eingebunden.

Gehen wir einen weiteren Schritt: Es gibt den Mann als Individuum in seiner konkreten Persönlichkeit, und es gibt die männliche Hegemonie in ihrer gesellschaftlichen Allgemeinheit. *Der Mann als Individuum ist dabei der männlichen Hegemonie als historisch gewachsenem Prinzip unterworfen.*

Daß Menschen von Strukturen abhängig sind und subjektive Verhaltensweisen von objektiven Verhältnissen will indessen in die wenigsten Köpfe von Autorinnen und Autoren. So personalisiert, wie sie es im Geschichtsunterricht gelernt haben, betrachten sie Geschichte und auch die Geschlechterverhältnisse. Es ist natürlich immer schon leichter gewesen, in der Beschreibung eines Problems einen Buhmann oder Sündenbock aufzubauen, als ebendieses Problem differenziert zu analysieren. Wer *alle* Männer als Vergewaltiger, Schurken, Unterdrücker und Phallokraten bezeichnet, denkt ein paar Schritte zu kurz und verzichtet im übrigen auf die Möglichkeit, gegen den tatsächlichen Vergewaltiger und Unterdrücker angemessen vorgehen zu können. Männer können als einzelne Individuen böse sein, als ganzes Geschlecht sind sie es nicht. Ebenso unsinnig ist das Diktum, daß die Unterdrückung der Frauen auf einem Gesellschaftsvertrag der Männer beruhe. Männer haben niemals beschlossen, die Frauen zu beherrschen.

Männliche Hegemonie ist vielmehr das Resultat komplexer und langwieriger Gesellschaftsprozesse. Schließlich nehmen Männer nicht aus angeborener Dummheit selbstzerstörerische Bilder von Männlichkeit an, sondern weil bestehende Gesellschaftsstrukturen sie dazu zwingen und diesen Zwang auch noch honorieren. Der böse Mann, der einer Frau unrecht tut, ist eine Sache; die vielen Männer, die als Teil einer männlichen Geschichte von Naturausbeutung, Krieg und Konkurrenz heute mehr als Opfer denn als Täter agieren, sind eine ganz andere.

Diese Feststellungen entlasten den einzelnen Mann freilich nicht von eigenen Anstrengungen, sich mit sich selbst und mit seinen Geschlechtsgenossen kritisch auseinanderzusetzen. Sicherlich behindern öffentliche Institutionen vielfach männliche Bemühungen um eine Veränderung, und gewiß halten sie viele Männer in einem schwierig zu ertragenden Widerspruch zwischen offiziellen und privaten Rollenerwartungen. Aber auch diese Barrieren dürfen heutzutage kein Alibi dafür sein, in den traditionellen Gewändern von Männlichkeit zu verharren. Die üble Geschichte männlicher Vorherrschaft über Jahrhunderte hinweg ist ebenso bekannt wie die leidvolle Unterdrückung der Frauen. Herumgesprochen hat sich auch, daß die Geschlechter nur dann friedlich zusammenleben können, wenn ihnen in allen Bereichen gleiche Chancen und Möglichkeiten, gleiche Rechte und Pflichten begegnen. Kein Mann kann sich heute noch herausreden, davon nichts gewußt zu haben. Alle Untersuchungen zeigen, daß die deutschen Männer über Gleichstellung, Emanzipation und Quotenregelung sehr wohl informiert sind.

Für die Geschlechterverhältnisse, für Frauen- und Männeremanzipation gilt: Gesellschaftliche Zustände ändern sich nur dann, wenn sich Menschen finden, die die Verantwortung für den sozialen Wandel auf sich nehmen. Was heißt das konkret? Es heißt: Neues versuchen, Widerstand gegen Eingefahrenes üben, Konventionen durchbrechen, Widerspruch wagen, Mißstände benennen. Dazu lassen sich heute Imperative formulieren:

1. Wir Männer müssen uns für eine neue gesellschaftliche Arbeitsteilung einsetzen, in der wir Pflichten in der Hausarbeit, in der Kindererziehung und in der Fürsorge gegenüber unseren Frauen mitverantwortlich übernehmen.
2. Wir Männer müssen lernen, männerbündisches Verhalten aufzugeben und gegen schlagende, hetzende und frauenfeindliche Geschlechtsgenossen Stellung zu beziehen.
3. Wir Männer haben die historische Pflicht, uns für ein demokratisches Arrangement der Geschlechter in Politik, Wirtschaft und Kultur einzusetzen. Dabei müssen wir bereit sein, angestammte Positionen zu teilen.

Wenn wir Männer weiterhin die Funktionäre der bestehenden Verhältnisse bleiben, wird sich nichts ändern; im Gegenteil: Der Geschlechterkampf wird sich verschärfen, unsere Lebensfreude sich ebenso reduzieren wie unsere Lebenserwartung und die Zukunft unserer Gesellschaft noch fragwürdiger werden, als sie es eh schon ist.

Wir Männer sollten auch endlich aufhören, neue Arrangements in einer Optik des Verzichts zu diskutieren. Denn dort, wo wir etwas aufgeben, gewinnen wir auch viel hinzu an Freiheit, Spaß, Flexibilität, an Möglichkeiten der Selbstverwirklichung und der wachsenden Zufriedenheit, an neuen Erlebnissen mit unserer Familie, unseren Frauen und unseren Kindern.

Literatur

Astrachan, A. (1992): Wie Männer fühlen. München.
Badinter, E. (1986): Ich bin Du – Die neue Beziehung zwischen Mann und Frau. München.
Barz, H. (1984): Männersache. Kritischer Beifall für den Feminismus. Stuttgart.
Beck-Gernsheim, E. (1980): Das halbierte Leben. Frankfurt/M.
Benard, Ch.; Schlaffer, E. (1980): Der Mann auf der Straße. Reinbek.
Berman, M. (1985): Die Wiederverzauberung der Welt. Reinbek.
Bettelheim, B. (1986): Die symbolischen Wunden. Frankfurt/M.
Bly, R. (1987): The pillow and the key. St. Paul (Minn.).
Bodamer, J. (1956): Der Mann von heute – Seine Gestalt und Psychologie. Stuttgart.
Brannon, R. (1976): No »Sissy Stuff«. In: Deborah, D. u. R. Brannon (Hg.): The forty-nine percent majority – The male sex role. Reading (Mass.).
Chodorow, N. (1985): Das Erbe der Mütter. München.
Council of Europe (1998): Promoting Equality. Strasbourg.
Delaisi de Parseval, G. (1985): Was wird aus den Vätern? Weinheim.
Dinnerstein, D. (1979): Das Arrangement der Geschlechter. Stuttgart.
Doyle, J. A. (1989): The male experience. Dubuque (Iowa).
Ewing, W. E. (1978): Changing Men. Denver.
Fasteau, M. F. (1978): The Male Machine. New York.
Foucault, M. (1976): Überwachen und Strafen. Frankfurt/M.
Freyer, H, (1955): Theorie des gegenwärtigen Zeitalters. Stuttgart.
Gerzon, M. (1982): A choice of heroes. The changing face of American manhood. Boston.
Goldberg, H. (1986): Der verunsicherte Mann. Reinbek.
Goldberg, H. (1986): Man(n) bleibt Mann. Reinbek.

Goldberg, H. (1987): Veränderungen. Reinbek.
Greenglass, E. R. (1986): Geschlechterrolle als Schicksal. Stuttgart.
Halper, J. (1988): Quiet Desperation. The truth about sucessful men. New York.
Heilbrun, C. G. (1979): Reinventing Womanhood. New York.
Hollstein, W. (1990): Die Männer – vorwärts oder zurück? Stuttgart.
Hollstein, W. (1995): Der Kampf der Geschlechter. München.
infas (1988): Geschlechtsrollen im Wandel. Stuttgart.
Kaufmann, M. (Hg.) (1987): Beyond Patriarchy. Essays by men on pleasure, power and change. Toronto – New York.
Keller, E. Fox, (1986): Liebe, Macht und Erkenntnis. Männliche oder weibliche Wissenschaft? München.
Kimmel, M. S. (Hg.) (1987): Changing Men, Newbury Park (Cal.).
Levant, R. (1996): Masculinity Reconstructed. New York.
Marx, K. (1872): Das Kapital. Bd. I., Berlin.
Merchant, C. (1987): Der Tod der Natur: Ökologie, Frauen und neuzeitliche Naturwissenschaft. München.
Metz-Göckel, S.; Müller, U. (1986): Der Mann. Weinheim – Basel.
Mitscherlich, A. (1963): Auf dem Weg zur vaterlosen Gesellschaft. München.
Müller, L. (1989): Manns-Bilder. Zur Psychologie des heroischen Bewußtseins. In: Peter M. Pflüger (Hg.): Der Mann im Umbruch. Olten.
O'Neil, J. M. (1982): Gender-role conflict ans strain in men's lives. In: K. Solomon u. N. B. Levy (Hg.): Men in transition. New York – London.
Pilgrim, V. E. (1986): Manifest für den freien Mann. Reinbek.
Pilgrim. V. E. (1996): Muttersöhne. Düsseldorf.
Pross, H. (1984): Die Männer. Eine repräsentative Untersuchung über die Selbstbilder von Männern und ihre Bilder von der Frau. Reinbek.
Richter, H.-E. (1974): Lernziel Solidarität. Reinbek.
Rohr, R. (1988): Der wilde Mann. Geistliche Reden zur Männerbefreiung. München.
Roques, V. von (1983): Entmannung des Mannes. In: Der Spiegel (Hamburg), Heft 27.
Simmel, G. (1985): Schriften zur Philosophie und Soziologie der Geschlechter. Frankfurt/M.
Skjei, E.; Rabkin, R. (1981): The male ordeal – Role crisis in a changing world. New York.
Swanson, J. M.; Forrest, K. A. (Hg.) (1978): Die Sexualität des Mannes. Köln.

Whyte, W. H. (1956): The Organization Man. New York.
Wieck, W. (1987): Männer lassen lieben. Stuttgart.
Zilbergeld, B. (1994): Die neue Sexualität der Männer. Tübingen.

Weitere ausgewählte Publikationen des Autors

Der Untergrund. Zur Soziologie jugendlichen Protestbewegungen. Luchterhand 1969.
Kein Frieden um Israel. Zur Sozialgeschichte des Palästina-Konflikts. S. Fischer 1972.
Der deutsche Illustriertenroman der Gegenwart. UTB Francke 1973.
Nahostkrise. Strukturen, Probleme, Lösungen. (mit Eli Lobel und Maxime Rodinson u. a.) edition etcetera 1976.
Die Gegengesellschaft. Alternative Lebensformen. Verlag Neue Gesellschaft 1979.
Alternativprojekte. (mit Boris Penth) Rowohlt 1980.
Vettern und Feinde. Der Palästina/Israel-Konflikt. Lenos 1985
Wenn Eltern älter werden. Liebe, Krise, Neubeginn. (mit Eva Jaeggi) Piper 1985.
Nicht Herrscher, aber kräftig. Die Zukunft der Männer. Hoffmann und Campe 1988.
Die Männer. Vorwärts oder zurück? Deutsche Verlagsanstalt 1990.
Machen Sie Platz, mein Herr! Teilen statt herrschen. Rowohlt 1992.
Der Kampf der Geschlechter. Kösel 1993.

Wenn Sie weiterlesen möchten...

Susanne Stemann-Acheampong

Der phantastische Unterschied

Zur psychoanalytischen Theorie der Geschlechtsidentität

Die Freudsche Psychoanalyse hat die männliche Dominanz über Frauen aus der männlichen Anatomie erklärt, aus der körperlichen Vollkommenheit des Mannes und dementsprechend weiblichen Defizitgefühlen. Nicht nur in prähistorisch aufgerichteten Hinkelsteinen wurde so der Penis zum Phallus phantasiert, die Väter der Psychoanalyse haben den Kult erneuert und mit einer sublimen Theorie versehen.

Gelingen konnte ihnen das nur, weil sie ihre ureigene psychoanalytische Methode mit einiger Konsequenz auf das Phallus-Symbol selbst *nicht* anwandten. Sonst hätten sie erkennen müssen, daß die Psyche darin nicht direkt auf die „Anatomie" reagiert, sondern auf einen komplizierten Verarbeitungsprozeß von Gefühlen.

Die Autorin verknüpft psychoanalytische Theorien zur präödipalen Mutter-Kind-Beziehung, zur Dynamik der Perversionen und des künstlerischen Schaffens, zum Übergangsobjekt und zur Symbolbildung zu einer neuen Perspektive. Die behauptete Überlegenheit des Phallus wird dabei als Fiktion durchschaubar, die gegen das Bild eines übermächtigen mütterlichen Ursprungs gesetzt worden ist.

Helmut Puff (Hg.)
Lust, Angst und Provokation
Homosexualität in der Gesellschaft

Die „stumme“ oder „namenlose“ Sünde, wie im Mittelalter die Homosexualität genannt wurde, ist längst Gegenstand der Betrachtung und der öffentlichen Diskussion geworden. Dieser Band rückt den Beitrag homosexuellen Lebens zur gesellschaftlichen Entwicklung und zu unserer Kultur in den Vordergrund – und die unbedachten Ängste, die dagegenstehen.

Udo Rauchfleisch
Schwule · Lesben · Bisexuelle
Lebensweisen, Vorurteile, Einsichten

„Die große Bedeutung des gesellschaftlichen Drucks für Entwicklung und Lebensweise von Lesben, Schwulen und Bisexuellen stellt der Psychoanalytiker Udo Rauchfleisch in den Vordergrund seiner Betrachtungen. Mit Einfühlungsgabe, Zartgefühl und Respekt – in der Fachliteratur eher selten anzutreffende Tugenden – nähert der Autor sich den Frauen und Männern hinter diesen sexuellen Klassifizierungen.“ *Psychologie heute*

Udo Rauchfleisch
Alternative Familienformen
Eineltern, gleichgeschlechtliche Paare, Hausmänner

Die Bilderbuchfamilie – Vater, Mutter, Kinder – ist nicht nur seltener geworden, sie ist auch durchaus nicht immer der Hort optimaler Entwicklungsmöglichkeiten. Und sie ist keineswegs die einzige konstruktive Lebensform.
Das Buch zeigt die Chancen, die in Einelternfamilien, gleichgeschlechtlichen Partnerschaften und im Rollentausch liegen. Und es geht der Frage nach, warum gegen diese Lebensformen so vehemente Vorurteile gehegt werden.

Peter Kutter

Liebe, Haß, Neid, Eifersucht

Eine Psychoanalyse der Leidenschaften

Zivilisation ist der Versuch, der Leidenschaften Herr zu werden. Ein paar Mal in der Geschichte sah es schon so aus, als würde sie das schaffen. Aber die Menschen lassen sich nicht nachhaltig entfremden von ihren Gefühlen. Wo Leidenschaften unterdrückt werden, wandeln sie sich in zersetzende, krankmachende Kräfte, oder sie verschaffen sich eruptiv Luft in der Rebellion, in leidenschaftlichem Aufbäumen.
Peter Kutter zeigt, welchen Verformungen die Gefühle ausgesetzt sein können, und er plädiert für einen liebevollen Umgang mit unseren Leidenschaften.

Hans-H. Fröhlich

Leben in der Zweierbeziehung

Intakte und gestörte Partnerschaften

Fröhlich hat sein Buch klar gegliedert:

– Wege zur Partnerschaft: Freuden, Aufgaben, Gefährdungen / Grundthemen dynamischen Zusammenlebens / die Balance zwischen individuellen und Paarinteressen
– Abwege und Irrwege: Vorprogrammiert erscheinende Konflikte, Krisen und Paarerkrankungen / Partnerschaftszerstörung und -trennung
– Wege aus dem Paarkonflikt: Einsichten, Einstellungs- und Verhaltensänderungen ermöglichen wieder positive Gefühle.

Das Paar kann sich nicht nur retten, sondern auch gefestigt aus einer Krise hervorgehen.